MEDIDAS *da* MEMÓRIA

Receitas das vovós

FOTOGRAFIA
Dante Pires

PROJETO GRÁFICO
Anna Laba

Mariana Chagas

MEDIDAS da MEMÓRIA

Receitas das vovós

Minha Editora

Para a minha família, por me dar a melhor infância, me apoiar e me auxiliar a juntar as melhores receitas das minhas avós.
Para minhas avós, Aparecida e Constância, por serem grandes cozinheiras e grandes mulheres.
Para meus amigos, por provarem todas as receitas e acreditarem nos meus sonhos.

EDITORA GESTORA: Sônia Midori Fujiyoshi
EDITORA: Eliane Otani
COORDENAÇÃO E PRODUÇÃO EDITORIAL: Visão Editorial
PROJETO GRÁFICO DO MIOLO E CONCEPÇÃO DA CAPA: Anna Laba
DIAGRAMAÇÃO DO MIOLO: Visão Editorial
DIAGRAMAÇÃO DA CAPA: Sopros Design
FOTOS: Dante Pires

CIP-BRASIL. CATALOGAÇÃO NA PUBLICAÇÃO
SINDICATO NACIONAL DOS EDITORES DE LIVROS, RJ

C424m

Chagas, Mariana
Medidas da memória : receitas das vovós / Mariana Chagas ; fotografia Dante Pires ; diagramação Anna Laba. - 1. ed. - Barueri [SP] : Minha Editora, 2020.
160 p. : il. ; 24 cm.
ISBN 978-85-7868-390-0

1. Gastronomia. 2. Culinária - Receitas. I. Pires, Dante. II. Laba, Anna. III. Título.

19-60804 CDD: 641.5
CDU: 641.5

Vanessa Mafra Xavier Salgado - Bibliotecária - CRB-7/6644

1ª edição – 2020

EDITORA MANOLE LTDA.
Avenida Ceci, 672 – Tamboré
06460-120 – Barueri – SP – Brasil
Tel.: (11) 4196-6000
www.manole.com.br | http://atendimento.manole.com.br
Impresso no Brasil | *Printed in Brazil*

São de responsabilidade da autora as informações contidas nesta obra.

A partir deste momento,
o livro não é mais só das
minhas avós, nem meu.
É seu, é nosso.

Sumário

página 13 Prefácio

página 17 Apresentação

Entradas e Comidinhas

página 20 Bolinho de arroz

página 23 Bolinho de bacalhau

página 24 Casquinha de siri com dendê

página 27 Coquetel de camarão

página 28 Coquetel de melão

página 31 Croquete de carne

página 32 Croquete miragem

página 35 Pastel

página 36 Pastinha de gorgonzola

página 39 Pastinha de sardinha

página 40 Patê "da casa"

página 43 Patê (pastinha) de amendoim

página 44 Pastinha de camarão

página 45 Patê de salmão e anchovas

página 46 Patê suíço

página 49 Pizza quena

página 50 Salada futurista de abacaxi e nozes

página 53 Salada sofisticada

página 54 Sardinhas recheadas com ervas verdes

Pratos Principais

página 59 Arroz de forno
página 60 Bacalhau com creme gratinado
página 63 Camarão ao Thermidor
página 64 Camarão com Catupiry®
página 67 Camarão delicioso
página 68 Creme de palmito
página 69 Escalope com presunto e queijo
página 70 Filé ao molho de pimenta
página 73 Frango ao creme
página 74 Frango bêbado
página 76 Frango com aspargos
página 77 Frango doce azedo
página 78 Frango na cerveja
página 81 Fritada de siri
página 82 Macarrão com cogumelos
página 85 Macarrão gratinado
página 86 Massa com molho de tomate e músculo
página 89 Nhoque
página 90 Panqueca salgada com carne
página 93 Peixe com leite de coco
página 94 Peixe com molho remolado
página 97 Pudim de bacalhau
página 98 Siri e camarão com molho de coco
página 100 Sopa de alho-poró
página 101 Sopa de cogumelos
página 102 Estrogonofe da vovó
página 105 Talharim com nozes

Acompanhamentos

página 108 Abobrinha *sauté*

página 111 Arroz caipira

página 112 Batatas gratinadas

página 114 Couve-flor ao forno

página 115 Creme de milho-verde

página 117 Creme de espinafre

página 118 Legumes à chinesa

página 121 Quibebe de abóbora

página 122 Rocambole de arroz

Sobremesas

página 127 Bolo amor em pedaços

página 128 Bolo de banana

página 131 Bolo de cenoura

página 132 Bolo de fubá cremoso

página 135 Bolo formigueiro

página 136 Bolo moreninho

página 139 Brigadeiro de vinho do Porto

página 140 *Brownie* da vó Tança

página 143 Manjar branco imperial

página 144 Mineiro com botas

página 146 *Mousse* de banana

página 147 *Mousse* de manga

página 149 Pudim de coco queimado

página 150 Roque de banana

página 153 Torta preguiçosa

página 155 Agradecimentos especiais

Prefácio

O meu amor pela gastronomia começou cedo, do bolo de laranja ao frango na cerveja. Minhas avós Constância e Aparecida sempre cozinharam muito bem e costumavam se orgulhar disso. Tudo o que elas cozinhavam tinha, para mim, "gostinho de casa". É a porta dessa "casa" que abro para vocês nas páginas a seguir.

Vó Constância

Minha avó Constância, carinhosamente chamada de "vó Tança", era a mãe do meu pai. Era uma das donas da churrascaria do Jardim Zoológico do Rio de Janeiro, que funcionou nas décadas de 1970 e 1980. Era uma mulher batalhadora e, junto com o meu avô Wilson, comandou o restaurante com muita determinação e afinco.

Naquela época, eu ainda não tinha nascido, mas os meus irmãos, Daniel e Dudu, lembram-se bem de que o restaurante fazia parte dos seus finais de semana. Daniel, meu irmão do meio, contou-me que a vovó e o vovô sempre estavam lá e que, por isso, ele e Dudu tinham de encontrar uma diversão por perto. Assim, tomavam banho de balde no quintal de trás do restaurante e corriam por todos os lugares. Depois da brincadeira, almoçavam na churrascaria. Hoje, eles são loucos por churrasco.

Mesmo após encerrar o negócio, a vó Tança continuou cozinhando suas receitas em casa para amigos e familiares, incluindo, claro, os netos. Ela era apaixonada por todos os seus netos, mas como os meus irmãos, a minha irmã Renata e eu éramos os únicos que ainda moravam perto dela, recebíamos muitos mimos – quero dizer, comidas.

Para a vó Tança, "criança saudável era criança gordinha"; então, a maioria das suas receitas é de doces, além de deliciosos salgados. Em razão de eu ter sido uma criança muito magra, ela sempre achava que eu estava doente e, por isso, em qualquer oportunidade que surgia, ela fazia *brownie* para mim e os meus irmãos. Jamais reclamávamos e devorávamos um tabuleiro em minutos!

Por esses e outros motivos, eu "vivo" na cozinha desde pequena. Em nossos aniversários, era a vó Tança quem fazia os docinhos. Lembro-me de ficar horas sentada junto com ela e minha irmã, abrindo as forminhas, passando manteiga na mão, enrolando os brigadeiros e, claro, comendo. Era a minha diversão do mês e a melhor parte das festas.

A vó Tança já faleceu, contudo, as lembranças dela permanecerão vivas em nós por meio de cada uma de suas receitas.

Vó Aparecida

Minha avó Aparecida, mãe da minha mãe, gostava tanto de cozinhar que suas receitas viraram livros datilografados por membros da família. Em jantares de negócios do meu avô Paulo, ela preparava receitas deliciosas, criativas e sofisticadas. Simplicidade, sabor e personalidade são os atributos que eu mais gosto dessas receitas.

Quando comecei a escrever este livro, a minha avó Aparecida lembrava-se de todas as receitas, embora provavelmente sem muita riqueza de detalhes em razão da síndrome de Alzheimer. Quando terminei o texto do livro, ela já não sabia mais me dizer se o conhaque das receitas era para dar sabor ou se era um hábito. De certa forma, esta obra representa as memórias e a trajetória dela. É a lembrança do que ela gostava de fazer e uma parte do porquê de eu também gostar de cozinhar.

Considerações finais

Não sei se me aproximei mais da cozinha por causa das minhas avós ou se a cozinha me aproximou mais delas. Independentemente do que tenha acontecido, valem mais as memórias, os sabores, a crocância do *brownie* e a cremosidade do estrogonofe.

O que importa é que, de fato, a comida e as refeições foram e sempre serão parte de nossas vidas. Com elas, criamos tradições e histórias que se eternizarão.

Talvez as receitas das minhas avós não sejam como as tradicionais "receitas de vovós", mas são surpreendentes e, para a minha família, remetem à infância.

Vó Constância

Vó Aparecida

Apresentação

O intuito deste livro é resgatar e registrar os sabores criados pelas minhas avós Constância e Aparecida, bem como prestar uma homenagem a elas.

Como as receitas não eram baseadas em formação acadêmica ou profissional em gastronomia, elas têm as medidas da memória. Eu, por ser confeiteira profissional, gosto de medidas exatas e explicações completas. Então, esta obra contém as receitas das vovós com um toque de Mariana.

Sempre gostei da sensação de felicidade e do sorriso que eu via nos rostos dos meus amigos e parentes quando eu inventava alguma coisa na cozinha.

Para você que, como eu, tem a cozinha como divã, uma boa sugestão é sempre tentar inovar e colocar o seu toque pessoal nas receitas. Por isso, ao final de cada uma, eu reservei um espaço para que você faça suas próprias anotações. Quem sabe após essa experiência você tenha o seu próprio livro de receitas?

Espero que a vivência na cozinha proporcione boas recordações para você e seus familiares e amigos, assim como ela tem feito para mim e as pessoas ao meu redor.

Entradas e
Comidinhas

Bolinho de arroz

Esse bolinho é delicioso! Depois de frito, ele fica macio por dentro e crocante por fora. Você pode incrementá-lo com alguma especiaria, um pouco de alho, cebola ou o que mais quiser, mas essa receita já é bastante saborosa em sua forma original. Se desejar uma versão mais saudável, os bolinhos podem ser assados a 200°C por aproximadamente 10 a 15 minutos.

Ingredientes

3 xícaras (chá) de arroz branco já cozido
1 colher (sopa) de manteiga
1 colher (sopa) rasa de farinha de trigo
1 xícara (chá) de leite morno
Sal a gosto
Pimenta-do-reino moída a gosto
2 ovos
1 colher (sopa) de salsa picada
2 colheres (sopa) de queijo parmesão ralado
500 ml de óleo para fritar

DICA

Na hora de enrolar, adicione pequenos cubinhos de queijo no centro dos bolinhos.
Se você não gostar de salsinha, substitua por cebolinha, coentro ou outra erva de sua preferência.

Modo de preparo

1. Em uma panela, derreta a manteiga em fogo brando, adicione a farinha e mexa até formar uma massa. Acrescente o leite morno e mexa com um *fouet* (batedor de claras) até a massa se dissolver e se tornar um molho homogêneo.
2. Agregue o arroz ao molho e mexa até que o arroz tenha absorvido um pouco do molho.
3. Tempere com sal e pimenta-do-reino e, enquanto mexe, adicione os ovos inteiros, um por um, até formar uma massa homogênea.
4. Desligue o fogo e acrescente a salsinha picada e o queijo ralado. Deixe a massa esfriar em um tabuleiro por aproximadamente 10 minutos antes de enrolar os bolinhos.
5. Aqueça o óleo e frite os bolinhos em imersão até ficarem dourados.

Nota: essa receita pode ser congelada antes de fritar e mantida no congelador por 1 mês.

Suas anotações

Bolinho de bacalhau

O bolinho de bacalhau é um clássico e cada família tem a sua receita.
Se você gosta de sabores mais picantes, por que não adicionar pimenta-malagueta picadinha, pimenta-de-cheiro ou outra de sua preferência? Apenas se lembre de que as sementes da pimenta são extremamente picantes; portanto, eu aconselho que sejam retiradas.
Apesar de ser um clássico frito, se quiser algo mais leve, os bolinhos também ficam deliciosos se forem assados no forno convencional ou elétrico ou "fritos" na fritadeira a ar/sem óleo, a famosa *air fryer*. Se optar por alguma dessas opções, congele os bolinhos antes de assá-los ou fritá-los.

Ingredientes

1kg de bacalhau
½ maço de salsinha
500g de batatas
50g de mandioca
Sal a gosto
Pimenta-do-reino a gosto
400ml de óleo para fritar

Modo de preparo

1. Dessalgue o bacalhau, afervente duas vezes, desfie e reserve. Pique finamente a salsinha e reserve.
2. Cozinhe as batatas e a mandioca. Depois de prontas, passe-as por um espremedor ou por uma peneira, a fim de que não reste nenhum pedaço. Misture e garanta que esteja na consistência de um purê.
3. Adicione o bacalhau ao purê, acrescente a salsinha picada, o sal e a pimenta a gosto. Misture até formar uma massa.
4. Faça bolinhas de mesmo tamanho, coloque-as em um tabuleiro e leve ao congelador – isso garante que os bolinhos não se despedacem ao irem para o óleo quente.
5. Depois de congelados, frite os bolinhos em imersão, em óleo quente, e sirva em seguida.

Nota: essa receita pode ser congelada antes de fritar e mantida no congelador por 2 meses.

Suas anotações

Casquinha de siri com dendê

A casquinha de siri sempre foi um clássico da minha avó Aparecida. Quando comecei a escrever este livro, minha mãe insistiu para que eu fizesse as duas receitas da minha avó, porque ambas são deliciosas. Esta é uma delas.
Para dar um efeito maravilhoso na hora de servir, o ideal é acomodar a receita nas conchas próprias para casquinhas de siri, sejam as naturais, as descartáveis ou as de porcelana. Se não as tiver, você terá uma linda apresentação ao servir em uma assadeira bonita ou em ramequins.
A casquinha de siri é uma ótima opção para um dia de sol na piscina, uma reunião com os amigos ou um jantar diferente em dia de semana.

Ingredientes

300 g de carne de siri
5 dentes de alho
2 cebolas
2 pimentas-de-cheiro
1 maço de cheiro-verde
3 tomates sem pele
½ pimentão verde
1 colher (sopa) de óleo
2 colheres (sopa) de azeite de dendê
150 ml de leite de coco
4 ovos
Sal a gosto
Pimenta-do-reino a gosto
2 colheres (sopa) de farinha de rosca

Modo de preparo

1. Pique finamente o alho, a cebola, a pimenta-de-cheiro e o cheiro-verde. Esmague os tomates até se tornarem um purê. Corte o pimentão em rodelas. Reserve tudo.
2. Em uma panela bem aquecida, doure os alhos e as cebolas no óleo; adicione o azeite de dendê e, em seguida, a carne de siri. Misture de vez em quando até a mistura incorporar bastante o sabor.
3. Acrescente o purê de tomate, o pimentão e o cheiro-verde; em seguida, despeje o leite de coco e adicione a pimenta-de-cheiro. Mexa até que o líquido reduza pela metade.
4. Continue mexendo e, quando a mistura estiver bem frita, abaixe o fogo, bata os ovos até ficarem macios e acrescente-os aos poucos ao conteúdo da panela.
5. Ajuste o sal e a pimenta-do-reino a gosto.
6. Por fim, acomode a receita no recipiente, polvilhe a farinha de rosca no topo e leve ao forno a 200°C para gratinar por 10 minutos ou até que fique dourado por cima.

Suas anotações

Coquetel de camarão

Não há dúvida de que camarões quentes são deliciosos, mas será que frios também são? Eu tinha uns doze anos de idade quando experimentei pela primeira vez um coquetel de camarão, e não gostei porque achei incômoda a sensação de comer camarão frio. Anos depois, resolvi dar uma segunda chance para essa entrada e assumo que me surpreendi! Todos nós construímos o nosso paladar conforme crescemos e aprendemos a apreciar comidas que antes não nos apeteciam. Foi o que aconteceu comigo.
Esta é uma receita de sabor forte e marcante, que conquista e impressiona os convidados.

Ingredientes

500 g de camarão médio
10 camarões grandes
Suco de ½ limão (de qualquer tipo)
Sal a gosto
Pimenta-do-reino branca a gosto
1 cebola
2 dentes de alho
50 ml de caldo de legumes
2 colheres (chá) de páprica doce
125 g de creme de leite fresco
1 xícara (chá) de maionese
1 colher (sopa) de *ketchup*
½ cálice de conhaque
1 colher (chá) de açúcar
¼ de xícara (chá) de azeite

Modo de preparo

1. Limpe e descasque os camarões médios e tempere-os com o suco de limão, o sal e a pimenta-do-reino branca a gosto. Pique finamente a cebola e o alho. Em uma panela, faça um refogado dos camarões médios junto com a cebola e o alho. Deixe esfriar.
2. Quando estiver frio, bata no liquidificador apenas ⅓ desse refogado de camarões junto com o caldo de legumes, até formar uma massa pastosa. Acrescente 1 colher (chá) de páprica doce, o creme de leite, a maionese, o *ketchup*, o conhaque, o açúcar e 1 colher (café) de sal, e bata novamente para misturar tudo.
3. Em outra panela, adicione 1 litro de água, 1 colher (sobremesa) de sal, 1 colher (chá) de páprica doce, um fio de azeite e os camarões grandes com casca. Ferva até os camarões cozinharem (cerca de 7 minutos) e ficarem rosados.
4. Na panela em que estão reservados os ⅔ restantes dos camarões refogados, incorpore a pasta do liquidificador, formando a pasta do coquetel.
5. Disponha a pasta em taças e enfeite-as com os camarões grandes. Sirva gelado.

Suas anotações

Coquetel de melão

O coquetel de melão é um clássico de Natal na minha família. Eu não tenho lembranças da minha avó Aparecida fazendo essa receita, mas, em todos os Natais, eu assisto e ajudo minha mãe a preparar receitinhas de aperitivos e entradas. A minha mãe não cozinha com frequência, talvez em razão da falta de tempo por estar ocupada com a profissão fora de casa. No entanto, quando ela está na cozinha no fim do ano, nós sabemos que de lá sairão pastinhas, molhos, coquetéis e decorações supercharmosas. Ela adora o Natal e tudo que o acompanha: os enfeites, a louça, as velas e as nossas comidas tradicionais. Talvez por isso eu tenho um carinho especial por essa receita simples e saborosa.

Ingredientes

½ melão
1 lata de creme de leite (aprox. 300 ml)
1 xícara (chá) de queijo gorgonzola picado
1 colher (café) de páprica doce
1 colher (café) de páprica picante
1 colher (café) de sal
½ maço de cheiro-verde picado

DICA

Se você tem uma família relativamente grande como a minha, de cerca de 11 pessoas no Natal, duplique a receita!

Modo de preparo

1. Com a ajuda de um boleador, faça bolinhas com a polpa do melão, disponha-as em uma travessa transparente de servir e coloque-as na geladeira por pelo menos 1 hora.
2. Bata no liquidificador todos os ingredientes para o creme: queijo gorgonzola, sal, páprica doce, páprica picante e creme de leite. Transfira o creme para um outro pote de servir e deixe gelar por aproximadamente uma hora.
3. Na hora de servir, adicione as bolinhas de melão no creme e polvilhe o cheiro-verde picado. Sirva gelado.
4. Caso prefira fazer apresentações individuais, adicione em uma taça, depois de gelado, duas colheres (sopa) de bolinhas de melão, uma colher de creme no topo e cheiro-verde picado polvilhado por cima.

Suas anotações

Croquete de carne

Croquete de carne não é uma receita brasileira, embora seja um aperitivo bastante popular por aqui. O aperitivo salgado é uma ótima opção para um lanche a qualquer hora do dia ou em um dia de jogo.
Essa receita é cheia de personalidade e a opção de utilizar pimenta dedo-de-moça confere a ela um charme especial. Claro que recomendo o uso apenas para pessoas que gostam de pimenta. Se você for como eu, que prefere a comida menos ardida, não a utilize.
Quando decidi testar essa receita, convidei minha prima mais nova, Dani, que na época tinha doze anos de idade, para fazê-la comigo. Acho formidável as crianças participarem do preparo, colocarem a "mão na massa" e se divertirem enquanto cozinham. Apesar de não poderem mexer no fogão, os pequenos podem ajudar a enrolar os croquetes, passar nos ovos e na farinha e, no fim das contas, essa é a parte que eles mais gostam: a da bagunça!

Ingredientes

½ kg de carne moída (coxão mole ou patinho)
1 cebola
4 dentes de alho
2 colheres (sopa) de azeite
1 colher (sopa) de manteiga
1 pimenta dedo-de-moça (opcional)
1 ½ colher (sopa) de farinha de trigo
½ xícara (chá) de leite
Sal a gosto
Pimenta-do-reino a gosto
1 colher (sopa) de molho inglês
Salsinha a gosto
1 colher (chá) de vinagre branco
3 ovos
± 300 g de farinha de rosca
500 ml de óleo para fritar

Modo de preparo

1. Pique finamente a cebola e o alho. Refogue-os no azeite com a carne, deixando sobrar um pouco do molho que a carne irá liberar. Acrescente a manteiga, a pimenta (se for o caso), a farinha, o leite, o sal e a pimenta-do-reino. Mexa até todos os ingredientes estarem bem incorporados.
2. Adicione o molho inglês, a salsinha finamente picada e o vinagre.
3. Deixe a massa esfriar e passe-a por um processador de alimentos.
4. Enrole os croquetes, passe-os nos ovos batidos e depois na farinha de rosca.
5. Frite-os por imersão em óleo quente. Sirva em seguida com mostarda escura.

Suas anotações

Croquete miragem

Apesar de croquete remeter à carne, essa receita não leva nenhuma – e é isso que a torna surpreendente.
Fiz essa receita de aperitivo em um jogo de pôquer do meu pai e foi o maior sucesso! Na minha versão, eu substituí o alho-poró por abobrinha ralada e ficou tão deliciosa quanto a original, detalhada a seguir.

Ingredientes

1 colher (sopa) de manteiga sem sal
1 cebola ralada ou bem picadinha
2 alhos-porós finamente cortados
2 folhas de louro
3 xícaras (chá) de caldo de legumes
Pimenta-do-reino moída a gosto
1 ½ xícara (chá) de farinha de trigo
1 ovo
250 g de farinha de rosca (usar mais, se necessário)
500 ml de óleo para fritar

DICA

Deixar a massa esfriar por 10 minutos, antes de adicionar o ovo, evita que ele coagule.

Modo de preparo

1. Em uma frigideira, derreta a manteiga e refogue a cebola e o alho-poró até que os dois murchem.
2. Acrescente o louro, o caldo de legumes e a pimenta-do-reino. Tampe e cozinhe em fogo baixo por aproximadamente 30 minutos. Destampe a panela e termine de cozinhar até obter um molho cremoso, em que o líquido tenha evaporado 90%.
3. Retire a panela do fogo, despeje a farinha de trigo de uma só vez e mexa rapidamente para não formar grumos. Leve a panela de volta ao fogo e mexa até que a massa seque um pouco e se desprenda do fundo da panela.
4. Passe a massa para uma tigela e espere 10 minutos, até esfriar um pouco. Adicione o ovo e misture bem.
5. Quando a massa esfriar bem, enrole os croquetes e passe-os pela farinha de rosca.
6. Frite-os em óleo bem quente. Retire-os e deixe-os descansar sobre um papel-toalha a fim de remover o excesso de óleo.

Nota: essa receita pode ser congelada antes de fritar e mantida no congelador por 1 mês.

Suas anotações

Pastel

Nada é mais brasileiro e popular do que o pastel. Quem visita nosso país precisa comer um, seja na feira, no bar ou na casa dos amigos. Se você for carioca, sabe que na praia sempre tem pastel. O melhor dessa receita é que ela é muito fácil de fazer, leva pouco tempo e agrada qualquer visita.
Hoje, é verdade que temos uma consciência alimentar muito diferente do que na época das minhas avós. Portanto, se não quiser utilizar banha na massa, você pode substituí-la por manteiga, desde que tenha ciência que a textura, o sabor e o resultado da massa não serão os mesmos. A banha é um componente importante porque dá uma textura aveludada à massa; além disso, a quantidade é pequena. Por isso, a minha sugestão é para que siga a receita original.

Ingredientes

320 g de farinha de trigo
½ xícara (chá) de leite em temperatura ambiente
30 g de manteiga em temperatura ambiente
30 g de banha em temperatura ambiente
1 ovo
1 gema
Sal a gosto
500 ml de óleo para fritar

DICA

A massa, por ser muito elástica, só pode ser aberta duas vezes.
Além de fazer pastéis pequenos, você pode se aventurar a fazer um grande, como o da feira, e recheá-lo bastante.
Fica uma delícia!

Modo de preparo

1. Em uma bancada, coloque a farinha de trigo e faça um círculo com um furo no meio. Dentro dele, adicione o leite, a manteiga, a banha, o ovo, a gema e o sal. Pouco a pouco, acrescente farinha das bordas à mistura do centro até tudo se tornar uma massa homogênea e macia.
2. Sove a massa por aproximadamente 10 minutos e deixe-a descansar em temperatura ambiente, coberta com um pano, por 1 hora.
3. Após 1 hora, enfarinhe novamente a bancada. Divida a massa em pedaços de 50 g, que serão abertos um por vez. Com um rolo, abra esses pedaços até que a massa fique bem fininha. Corte-a em quadrados ou círculos e recheie-os com o sabor de sua preferência. Feche os pastéis com o auxílio de um garfo, selando bem as pontas.
4. Frite em óleo quente ou pincele com 1 ovo e uma gema e leve ao forno a 180°C até dourar.

Suas anotações

Pastinha de gorgonzola

A pastinha de gorgonzola é mais uma das receitas clássicas de Natal da minha família. Essa versão é uma adaptação feita pela minha mãe da receita da minha avó Aparecida. Nós gostamos tanto que minha mãe sempre duplica a quantidade. É viciante!
É uma opção saborosa e prática, especialmente quando se vai receber amigos, pois combina perfeitamente com um bom vinho e uma torradinha crocante.

Ingredientes

200 g de queijo gorgonzola (ou *roquefort*)
200 g de queijo minas frescal
1 xícara (chá) de caldo de galinha
1 lata de creme de leite
1 colher (sopa) do soro do creme de leite
1 colher (sobremesa) de molho inglês
40 g de gelatina em pó incolor e sem sabor

Modo de preparo

1. Dissolva a gelatina em pó seguindo as orientações da embalagem e reserve.
2. Bata todos os ingredientes no liquidificador até a mistura se tornar homogênea e lisa, formando a pasta.
3. Acrescente a gelatina (que dará uma consistência mais parecida com uma *mousse*).
4. Pincele uma forma de assar média (ou 3 pequenas) com azeite e verta a *mousse* sobre ela.
5. Leve à geladeira até que fique firme – aproximadamente, por 2 horas.
6. Desenforme e sirva gelado.

Suas anotações

Pastinha de sardinha

Esse patê tem um sabor particular e por isso é diferente. Não sou superfã de sardinhas, especialmente quando não são fritas, mas confesso que a pastinha de sardinha permitiu que eu gostasse mais delas. Os ovos ajudam a dar um equilíbrio na receita por serem ricos em gordura boa, além de "quebrarem" a acidez dos outros elementos.
A receita é rápida e você pode fazê-la em uma ocasião em que vai receber amigos. Faça algumas pastinhas ou patês deste livro, sirva com torradinhas e será um sucesso!

Ingredientes

1 lata de sardinhas em azeite
50 g de azeitonas verdes
2 colheres (sopa) de picles mistos
2 ovos cozidos
1 colher (chá) de molho inglês
1 colher (chá) de mostarda
2 colheres (chá) de cebola ralada
2 colheres (sopa) de salsinha picada
2 colheres (sopa) de maionese
Sal a gosto

Modo de preparo

1. Limpe as sardinhas, abrindo-as ao meio e retirando as espinhas. Amasse bem com um garfo até que fiquem completamente desfeitas.
2. Pique finamente as azeitonas e os picles. Adicione-os às sardinhas. Junte os ovos cozidos picados, o molho inglês, a mostarda, a cebola e a salsinha picada.
3. Esmague e misture muito bem, apesar de não ser necessário que a mistura fique homogênea, ou seja, pode ter pedaços.
4. Adicione a maionese para dar cremosidade ao patê.
5. Ajuste o sal e misture.
6. Disponha em pequenos *bowls* ou panelinhas.
7. Leve à geladeira por pelo menos 30 minutos e sirva com salsinha salpicada por cima.

Suas anotações

Patê "da casa"

O patê "da casa" é um dos mais lembrados pela minha mãe.
Eu fiz algumas alterações na receita original, pois me agradaram mais. Optei por bater todos os ingredientes no liquidificador em vez de adicionar o picles e a azeitona finamente picados no final. Dessa forma, a pasta ficou mais uniforme, com os sabores presentes, mas sem pedaços mastigáveis. Se optar por adicioná-los depois, como na receita original, eles darão ao seu patê mais cor e diversão, ficando também delicioso!

Ingredientes

250 g de patê de fígado
2 colheres (sopa) de picles misto finamente picado
1 ½ colher (sopa) de azeitona
1 lata de creme de leite com soro
2 colheres (sopa) de água levemente aquecida
2 colheres (chá) de mostarda
2 colheres (chá) de molho inglês
1 colher (chá) de açúcar
Sal a gosto
Pimenta-do-reino moída a gosto
20 g de gelatina sem sabor em pó
Plástico-filme de PVC

Modo de preparo

1. Forre uma forma média de bolo inglês com plástico-filme e reserve.
2. Pique bem, bem pequenininho os picles e as azeitonas e reserve.
3. Hidrate a gelatina sem sabor na água levemente aquecida para ativar a sua função.
4. No liquidificador, bata o patê de fígado, o creme de leite, a mostarda, o molho inglês e o açúcar. Adicione a gelatina, ajuste o sal, coloque pimenta-do-reino e bata até que se torne uma mistura uniforme.
5. Em uma cumbuca, despeje o patê e agregue as azeitonas e os picles reservados.
6. Verta a combinação na forma, cubra com plástico-filme e leve à geladeira por aproximadamente 2 horas ou até que fique firme.
7. Desenforme e sirva gelado.

Suas anotações

Patê (pastinha) de amendoim

Apesar de ser chamada de patê, como minhas avós falavam, essa receita é, na verdade, uma pastinha de amendoim.
Confesso que, no início, essa combinação não me chamou a atenção, mas, quando a fiz em casa, para a minha surpresa, todos adoraram – inclusive eu! Então, não se intimide se a mistura parecer inusitada, porque ela é um verdadeiro sucesso.
Por ser uma pasta, ela não é desenformada. Assim, o ideal é servi-la em uma petisqueira ou em um *bowl* charmoso.

Ingredientes

300 ml de água
½ xícara (chá) de amendoim sem pele, torrado e moído
2 ovos
1 xícara (chá) de maionese
2 colheres (sopa) de picles misto finamente picado
½ lata de creme de leite
1 colher (chá) de pimenta-do-reino moída
Sal a gosto

Modo de preparo

1. Ferva 300 ml de água e cozinhe os ovos por 13 minutos. Descasque-os e esmague-os com um garfo.
2. Em uma tigela, coloque o amendoim, os ovos cozidos, a maionese, os picles picados, a pimenta-do-reino e o sal. Misture tudo até formar a pastinha.
3. Disponha a pastinha em um refratário de servir e leve à geladeira por pelo menos 1 hora.
4. Sirva frio.

Suas anotações

Pastinha de camarão

Essa pastinha de camarão é deliciosa, cremosa e notável. O limão-siciliano dá frescor e a páprica combina harmonicamente com o camarão.
É uma receita simples, diferente e ótima para preparar para os amigos.

Ingredientes

1 ½ kg de camarões limpos
1 limão-siciliano espremido
½ colher (sobremesa) de sal
Pimenta-do-reino branca a gosto
1 colher (chá) de páprica doce
1 colher (sopa) de picles misto picado
1 colher (chá) de mostarda
1 colher (sopa) de salsinha picada
1 xícara (chá) de maionese

Modo de preparo

1. Tempere os camarões com o limão, o sal, a pimenta-do-reino branca e a páprica doce. Cozinhe-os em água fervente e passe-os por um processador de alimentos ou por uma máquina de moer.
2. Aos camarões processados, acrescente o picles, a mostarda, a salsinha e, pouco a pouco, a maionese. Mexa tudo até que a mistura se torne uniforme, formando uma pasta cremosa.
3. Disponha em um ramequim e sirva gelada.

Suas anotações

Patê de salmão e anchovas

Essa receita é marcante em razão de seu sabor forte e inusitado. De maneira bem interessante, o salmão se sobressai e as cores se completam, agregando sabor e beleza ao patê.

Ingredientes

1 lata de salmão em conserva
3 filés de anchova em conserva
100 g de azeitonas verdes
1 colher (sobremesa) de azeite extravirgem
1 colher (chá) de limão-siciliano espremido
4 colheres (sopa) de maionese
1 colher (sopa) de salsinha picada
Sal a gosto
Pimenta-do-reino a gosto

Modo de preparo

1. Com um garfo, amasse muito bem o salmão e a anchova.
2. Junte as azeitonas finamente picadas, o suco de limão e metade do azeite.
3. Aos poucos, adicione a maionese até que se torne uma pasta cremosa.
4. Tempere com sal e pimenta-do-reino e adicione a salsinha picada. Misture.
5. Verta o patê em um ramequim ou uma forma untada com azeite e leve à geladeira até ficar firme. Sirva gelado.

Suas anotações

Patê suíço

Essa é uma receita básica, simples e fácil de agradar. Não tem "segredos" na forma de preparo e pode ser utilizada de diferentes formas e em diversas ocasiões. Como a minha avó Aparecida sempre recebia amigos em casa, ela tinha algumas receitas fáceis de preparar e bonitas de apresentar – essa é uma delas. Se você quiser dar um sabor a mais ao patê suíço, adicione 1 colher (sobremesa) de azeite extravirgem e ervas de sua preferência (orégano, manjericão, cebolinha, tomilho, etc.).

Ingredientes

250 g de queijo ricota
200 g de presunto
2 colheres (sopa) de geleia de damasco
2 colheres (sopa) de creme de leite
Cebolinha a gosto
Sal a gosto
Pimenta-do-reino moída a gosto

Modo de preparo

1. Em um processador de alimentos, misture bem o queijo ricota e o presunto até formar uma pasta.
2. Transfira a mistura para um *bowl* e adicione a geleia e o creme de leite. Tempere com cebolinha, sal e pimenta-do-reino e misture.
3. Se achar a pasta muita consistente, adicione mais 2 colheres de creme de leite. Utilize para rechear sanduíches ou canapés.

Suas anotações

Pizza quena

Embora o nome da receita indique que é uma pizza, ela parece mais um empadão, uma torta ou um *calzone*.
Na minha casa, sempre que se fala em pizza quena, a minha mãe lembra-se, saudosa, de quando era criança e ia passar as férias na casa da minha tia-avó Marília, onde sempre tinha esse lanche. Claramente, é uma receita que marcou a infância da minha mãe e dos seus primos.
Para que ela ficasse como eles se lembravam, eu pedi ajuda para a minha tia Márcia, que me explicou, passo a passo, como prepará-la exatamente da forma que a minha avó Aparecida e a sua irmã faziam.

Ingredientes para o recheio

500 g de queijo minas frescal
250 g de salame
6 ovos

DICA

Feche bem a massa para que o recheio não vaze.

Ingredientes para a massa

500 g de farinha de trigo
3 ovos
50 g de manteiga em temperatura ambiente
1 colher (sopa) de azeite
1 colher (chá) de sal
½ xícara (chá) de água morna
1 ovo para pincelar

Modo de preparo

1. Pique o queijo minas e o salame em pedaços bem pequenos. Bata as claras em neve e, em seguida, misture as gemas. Adicione a mistura de queijo e salame à mistura de ovos. Reserve. Pré-aqueça o forno a 200°C.
2. Em uma tigela grande ou sobre a bancada da cozinha, despeje a farinha de trigo. Faça um buraco no meio e adicione os 2 ovos inteiros, a manteiga cortada em cubos, o azeite, o sal e a água. Aos poucos, agregue a farinha a essa mistura do meio até que a combinação fique homogênea.
3. Coloque a massa em uma tigela, cubra com um pano e deixe descansar por aproximadamente 30 minutos. Enquanto espera, unte um tabuleiro médio com manteiga ou óleo.
4. Após os 30 minutos, abra metade da massa, de maneira bem fina (na espessura de uma folha de papel), e faça furinhos com um garfo. Depois, acomode-a no tabuleiro, a fim de forrar o fundo e as laterais.
5. Adicione o recheio e cubra com a outra metade da massa, que também deve ser aberta de maneira bem fina e furadinha. Pincele o topo da massa com um ovo batido.
6. Leve a pizza quena ao forno e asse por 30 minutos.
7. Espere esfriar ou amornar por aproximadamente 15 minutos e sirva no tabuleiro ou cortada em quadradinhos em uma bandeja.

Suas anotações

Salada futurista de abacaxi e nozes

Eu não sou o tipo de pessoa que adora frutas na salada e confesso que o abacaxi me pareceu uma escolha estranha em razão de sua acidez, mas, uma vez combinado com o molho *rosé* e as nozes, ele produziu um equilíbrio inesperado. A apresentação do prato é uma questão de estética e, por isso, você pode escolher como servi-lo. Eu adoro ovos cozidos, e a gordura da gema neutralizou a acidez do abacaxi, assim como o frescor do palmito neutralizou a sabor do molho inglês.

Ingredientes

1 abacaxi grande
12 ovos cozidos
1 pote grande de palmito em conserva
1 lata de creme de leite sem soro
30 g de *ketchup* ou purê de tomate
1 colher (sobremesa) de molho inglês
Sal a gosto
Pimenta-do-reino a gosto
250 g de nozes picadas
1 pé de alface americana

DICA

Uma forma divertida de servir é colocar a mistura de abacaxi dentro de cada folha de alface, simulando um *wrap*.

Modo de preparo

1. Descasque e corte o abacaxi em pequenos pedaços. Coloque-os em uma peneira para que escorra o excesso de líquido.
2. Corte os ovos em quatro partes e os palmitos em rodelas. Reserve.
3. Disponha o creme de leite sem soro em uma tigela, adicione o *ketchup* ou o purê de tomate e tempere com molho inglês, sal e pimenta a gosto. Misture o molho com o abacaxi e as nozes. Reserve.
4. Forre uma travessa com os ovos e os palmitos e verta sobre eles a mistura de abacaxi com molho.
5. Utilize a alface picada como guarnição.

Suas anotações

Salada sofisticada

Assim como outras receitas, essa é uma salada criativa.
O doce da banana ameniza o azedo do limão e da mostarda, as nozes dão uma crocância especial e o salsão refresca o paladar.
É uma combinação inesperada e deliciosa!

Ingredientes

1 pé de alface americana
1 xícara (chá) de nozes
½ salsão
1 cebola
3 bananas
1 lata de creme de leite
3 colheres (sopa) de suco de limão
(de qualquer tipo)
1 colher (chá) de mostarda
Sal a gosto
Pimenta-do-reino a gosto

DICA

Caso não pretenda servir a salada imediatamente, regue as bananas com suco de limão ao cortá-las para que não fiquem escuras ou corte-as apenas quando for servir.

Modo de preparo

1. Corte a alface em tirinhas. Pique finamente as nozes, o salsão e a cebola. Reserve.
2. Em uma saladeira, adicione todos os ingredientes previamente preparados e as bananas cortadas em rodelas.
3. Em um pote separado, misture bem todos os ingredientes do molho: creme de leite, suco de limão, mostarda, sal e pimenta.
4. Despeje o molho sobre a salada. Mexa com cuidado até que tudo esteja coberto de molho.
5. Sirva imediatamente.

Suas anotações

Sardinhas recheadas com ervas verdes

Além de visualmente bonitas, essas sardinhas são petiscos rápidos, saborosos e saudáveis. São tão leves que é difícil comer uma só.
Minha mãe contou-me que uma de suas tias costumava fazer essa receita quando elas eram mais novas, com a única diferença que ela cozinhava as sardinhas no micro-ondas. Na minha versão, os peixes vão ao forno e, por isso, ficam mais suculentos.

Ingredientes

10 sardinhas frescas
3 colheres (chá) de sal
Suco de ½ limão-taiti
3 dentes de alho
½ maço de cheiro-verde
¼ de maço de tomilho fresco
½ maço de coentro
10 pimentas-biquinhos
1 colher (chá) de orégano seco
⅓ de xícara (chá) de azeite
¼ de xícara (chá) de molho de soja
½ xícara (chá) de cebolinha picada
Raspas de 1 limão-siciliano (opcional)

Modo de preparo

1. Pré-aqueça o forno a 160°C.
2. Corte as sardinhas e limpe-as, retirando a espinha dorsal. Mantenha-as abertas e tempere-as com as 2 colheres (chá) de sal, o suco de limão-taiti e 2 dentes de alhos ralados por cima. Deixe marinar por pelo menos 10 minutos.
3. Pique finamente o cheiro-verde, o tomilho, o coentro, 1 dente de alho e a pimenta-biquinho. Misture e acrescente o orégano, o azeite e 1 colher (chá) de sal. Reserve essa mistura.
4. Enxugue as sardinhas uma a uma em papel-toalha e recheie com a mistura de ervas picadinhas. Aperte bem o tempero sobre a carne da sardinha e, com as duas mãos, feche-as para que fiquem firmes e não vazem. Elas ficarão com o recheio à mostra.
5. Pincele o molho de soja por fora das sardinhas e leve ao forno por 8 minutos.
6. Antes de servir, salpique cebolinha e raspas de limão-siciliano (opcional). Sirva ainda quente.

Suas anotações

Pratos Principais

Arroz de forno

Arroz de forno é uma receita muito popular no Brasil e há muitas opções de preparo. A versão da minha mãe, por exemplo, tem carne moída e presunto. É uma refeição deliciosa, cremosa e completa. Se quiser incrementar, você pode montar em camadas, intercalando banana e arroz, ou adicionar milho e cobrir com batata palha.
A beleza da gastronomia é a liberdade de criar – e essa receita abre inúmeras possibilidades. Eu sugiro que, depois de testar essa receita, você invente o seu próprio arroz de forno. Quando for cozinhar a sua versão, não se esqueça de anotar, no final da página, o que você criou!

Ingredientes

2 xícaras (chá) de arroz
1 colher (sopa) de óleo vegetal
½ cebola
½ maço de cheiro-verde
2 bananas de qualquer tipo
10 azeitonas picadas (opcional)
3 colheres (sopa) de manteiga
2 gemas
1 ½ xícara (chá) de queijo parmesão ralado
2 ovos (opcional)
2 ½ colheres (sopa) de farinha de rosca

DICA

Você também pode usar um arroz já cozido, temperando-o conforme a receita.

Modo de preparo

1. Pique finamente a cebola e o cheiro-verde.
2. Lave, escorra e refogue o arroz no óleo, temperando-o com a cebola e metade do cheiro-verde picados e sal. Adicione 1 litro de água, deixe ferver e diminua o fogo para cozinhar o arroz.
3. Corte as bananas e, opcionalmente, as azeitonas em rodelas. Reserve.
4. Quando o arroz estiver cozido, bata as gemas com um garfo e misture-as ao arroz ainda quente. Acrescente as bananas e as azeitonas cortadas, 1 xícara (chá) de queijo ralado e 1 colher de manteiga. Misture e transfira para uma travessa, espalhando bem.
5. Derreta o restante da manteiga e, usando uma espátula ou uma faca, passe-a por cima do arroz até a superfície ficar lisa.
6. Decore com o restante do cheiro-verde e os ovos cozidos (opcional). Polvilhe o restante do queijo ralado e a farinha de rosca e leve ao forno para gratinar por aproximadamente 15 minutos ou até dourar.

Suas anotações

Bacalhau com creme gratinado

Esse bacalhau cremoso é maravilhoso, leve e acolhedor! É uma boa variação da bacalhoada e lembra bastante um bacalhau espiritual. Você pode optar pelo creme, que é mais concentrado, ou por um molho, que é mais fluido. A receita original revela um creme, mas, se você preferir um caldinho, a orientação é não engrossar muito o creme.

Ingredientes

½ kg de bacalhau
½ litro de leite
1 tablete de caldo de galinha
1 cebola
1 colher (sopa) de manteiga
3 colheres (sopa) de farinha de trigo
3 gemas
1 lata de creme de leite
150 g de queijo parmesão ralado
1 colher (café) de pimenta-do-reino
Noz-moscada a gosto (opcional)
2 colheres (sopa) de farinha de rosca

Modo de preparo

1. Dessalgue o bacalhau, retire as espinhas e afervente-o. Em seguida, desfie-o ou divida-o em lascas regulares. Reserve.
2. Dissolva o caldo de galinha no leite quente.
3. Passe a cebola pelo processador de alimentos.
4. Em uma panela pequena, aqueça a manteiga e doure a cebola processada. Adicione a farinha de trigo e, aos poucos, mexendo constantemente, acrescente o leite com o caldo de galinha e cozinhe até que se torne um molho espesso.
5. Em uma tigela, desmanche as gemas no creme de leite e verta essa mistura no molho da panela. Mexa até ficar homogêneo (sem deixar ferver) e acrescente ¾ do queijo ralado, a pimenta-do-reino e a noz-moscada (opcional).
6. Em um prato de forno, intercale camadas de bacalhau e de molho até que a última seja de molho. Salpique o restante do queijo ralado, a farinha de rosca e pequenos cubos de manteiga no topo.
7. Leve ao forno por aproximadamente 15 minutos ou até gratinar.

Suas anotações

Camarão ao Thermidor

Na minha casa, a minha mãe sempre pede para que eu faça o molho Thermidor. Ele pode ser usado em qualquer fruto do mar, mas fica divino com camarão, lula ou polvo.
Uma derivação dessa receita é que, em vez de cozinhar os camarões no molho, você pode salteá-los em uma frigideira com um pouco de azeite e depois adicionar o molho Thermidor.

Ingredientes

1 kg de camarão limpo
50 g de manteiga
1 cebola
2 dentes de alho
2 colheres (sopa) de farinha de trigo
500 ml de leite
3 gemas
150 g de champignon
½ lata de creme de leite
150 g de queijo parmesão ralado
Sal a gosto
Pimenta-do-reino a gosto

DICA

Se quiser dar um sabor extra ao molho, adicione ⅓ de xícara (chá) de vinho branco seco após o refogado e deixe reduzir pela metade.

Modo de preparo

1. Em uma panela média que vá ao forno, refogue na manteiga a cebola finamente picada e, depois, o alho também picado. Em seguida, adicione a farinha de trigo e misture até formar uma massa.
2. Acrescente o leite e nunca pare de mexer com um *fouet* para que o molho não forme grumos.
3. Ainda mexendo, junte as gemas uma a uma, os camarões e tempere com sal e pimenta a gosto. Cozinhe em fogo médio, sempre mexendo, até que o molho adquira uma consistência cremosa e os camarões estejam quase cozidos.
4. Abaixe o fogo, adicione o champignon, o creme de leite e ⅓ do queijo ralado. Misture e desligue.
5. Salpique o restante do queijo ralado por cima e leve ao forno a 200°C para gratinar.

Nota: se você não tiver uma panela que vá ao forno, prepare a receita em uma panela comum, despeje a mistura em um refratário adequado para altas temperaturas e leve-o ao forno.

Suas anotações

Camarão com Catupiry®

Camarão com Catupiry® é um clássico e, por isso, merece um lugar especial neste livro. É uma receita de sucesso, bastante harmoniosa e que "não tem erro"! Seja para um jantar em família, uma reunião com amigos ou um almoço saboroso, é uma preparação ideal.

Ingredientes

1 ½ kg de camarão
4 tomates grandes
2 cebolas grandes
1 maço de cheiro-verde
1 dente de alho
½ xícara (chá) + 1 colher (sopa) de azeite
410 g de requeijão cremoso Catupiry® Original (1 embalagem redonda)
Sal a gosto

DICA

Para uma versão mais leve, substitua o Catupiry® por creme de ricota ou requeijão *light*.

Modo de preparo

1. Limpe bem os camarões. Corte os tomates em cubos pequenos. Pique finamente as cebolas, o cheiro-verde e o alho. Coloque tudo em uma tigela.
2. Prepare a marinada, adicionando à tigela ½ xícara (chá) de azeite, e deixe descansar por 1 hora.
3. Em uma panela, aqueça bem 1 colher (sopa) de azeite e adicione os camarões marinados para que refoguem no próprio caldo.
4. Quando os camarões cozinharem, acrescente o Catupiry®, deixe que derreta, tempere com sal e sirva.

Suas anotações

Camarão delicioso

Como o próprio nome diz, essa é uma receita deliciosa, além de leve e rápida. Também é muito versátil e pode ser servida com diferentes acompanhamentos. Uma vez, fiz o camarão delicioso com a salada futurista de abacaxi e eles formaram uma combinação perfeita. Meu pai e eu abrimos um bom vinho enquanto jantávamos e foi uma ótima opção para uma quinta-feira.

Ingredientes

½ kg de camarão fresco com casca
50 g de manteiga
½ lata de milho verde (100 g)
1 pimentão verde
Sal a gosto
Pimenta-do-reino a gosto
½ lata de creme de leite

Modo de preparo

1. Lave bem os camarões e coloque-os em uma panela de água fervente com sal. Aguarde 5 minutos, escorra e espere esfriar.
2. Retire as cascas, limpe o camarão e reserve.
3. Fatie o pimentão em tirinhas e reserve.
4. Em uma panela grande, em fogo médio, derreta a manteiga e refogue o milho e o pimentão, mexendo de vez em quando. Acrescente os camarões, o sal, a pimenta-do-reino, o creme de leite e apenas aqueça, sem deixar ferver.
5. Retire do fogo e sirva acompanhado de salada, batata assada ou arroz.

Suas anotações

Creme de palmito

O creme de palmito nada mais é do que uma sopa e, por mais que o Brasil seja um país tropical, de vez em quando faz aquele frio que dá vontade de se enfiar debaixo das cobertas. Essa receita é para esses dias. Ela conforta, aquece e acalenta. Além disso, o palmito pode ser substituído por algum legume ou verdura de sua preferência, porque a base dessa sopa é neutra e permite muitas alternativas.

Ingredientes

2 ½ colheres (sopa) de manteiga
2 colheres (sopa) de farinha de trigo
½ litro de caldo de legumes
150 g de palmito (de qualquer tipo) em conserva
½ lata de creme de leite
2 gemas
1 colher (sopa) de cebolinha picada

DICA

Se você não gosta de sopa com pedaços, depois de pronta, bata tudo no liquidificador. Uma opção deliciosa é substituir o palmito por aspargo. Nesse caso, pré-cozinhe o legume antes de adicioná-lo à sopa.

Modo de preparo

1. Aqueça a manteiga, adicione a farinha de trigo e deixe que se forme uma massa. Acrescente o caldo de legumes quente e mexa energicamente para que não se formem grumos. Deixe a mistura ferver por aproximadamente 10 minutos, mexendo de vez em quando.
2. Enquanto ferve, corte os palmitos em rodelas. Abaixe o fogo, adicione os palmitos ao caldo e deixe cozinhar por mais 5 minutos, aproximadamente.
3. Com um *fouet*, bata o creme de leite com as gemas e junte-os à sopa.
4. Antes de começar a ferver, retire o creme do fogo, disponha em pratos individuais ou em uma travessa funda e sirva guarnecido com a cebolinha picada.

Suas anotações

Escalope com presunto e queijo

Carne, presunto e queijo formam uma combinação difícil de dar errado. Como muitas receitas das minhas avós, essa é simples e saborosa, além de ter uma apresentação criativa. Vale a pena provar! Se você não gosta de vitela, substitua por frango.

Ingredientes

8 escalopinhos de vitela
Sal a gosto
Pimenta-do-reino a gosto
2 colheres (sopa) de manteiga
4 fatias de presunto cozido
4 fatias de queijo de sua preferência
1 xícara (chá) de caldo de carne
4 colheres (sopa) de creme de leite
1 colher (sopa) de salsinha picada

DICA

Batatas salteadas são um ótimo acompanhamento.

Modo de preparo

1. Corte finamente os escalopes e tempere-os com sal e pimenta dos dois lados.
2. Aqueça a manteiga em uma frigideira e frite os escalopes, virando-os e deixando que fiquem bem fritos. Desligue o fogo e mantenha-os na frigideira.
3. Corte ao meio cada fatia de presunto e de queijo e coloque metade de cada uma delas sobre os escalopes já fritos. Enrole e prenda-os com um palito de dente. Acrescente o caldo de carne e, em fogo brando, deixe cozinhar por aproximadamente 5 minutos.
4. Ainda em fogo brando, com o auxílio de uma escumadeira, retire os escalopes e acomode-os em uma travessa de servir. Não desligue o fogo.
5. Adicione à frigideira o creme de leite, mexa até que a mistura se torne um molho homogêneo e retire do fogo antes de começar a ferver.
6. Retire os palitos dos escalopes, despeje o molho sobre eles, salpique a salsinha picada por cima e sirva.

Suas anotações

Filé ao molho de pimenta

Esse filé é especialmente suculento! O molho criado na mesma frigideira em que a carne é frita torna o preparo rápido, interessante e excelente para todas as ocasiões. De acordo com o meu pai, "é uma carne perfeita com um molho delicioso, de sabor único, e com um leve toque de pimenta; um excelente prato". A parte mais empolgante dessa receita é flambar os bifes; por isso, é uma ótima opção também para reunir os amigos na cozinha e oferecer um espetáculo na hora da sua preparação.

Ingredientes

4 bifes grossos de carne bovina (filé-mignon, contrafilé ou alcatra)
2 colheres (sopa) de pimenta-do-reino picada ou triturada
3 colheres (sopa) de manteiga
Sal a gosto
⅓ de xícara (chá) de conhaque
2 colheres (sopa) de purê de tomate
1 cebola ralada (opcional)
3 colheres (sopa) de creme de leite
2 colheres (sopa) de água

DICA

Para quem ama comida apimentada, a sugestão é duplicar a quantidade de pimenta-do-reino ou usar a quantidade necessária para cobrir completamente os dois lados dos bifes.

Modo de preparo

1. Passe os bifes, um a um, pela pimenta picada ou triturada, fazendo pressão para que ela fique bem aderida à carne.
2. Aqueça 1 colher (sopa) de manteiga em uma frigideira grande e frite 1 bife, dos dois lados, até o ponto desejado. Repita a operação com o restante da manteiga e dos bifes.
3. Com o fogo ainda ligado, acomode todos os bifes na frigideira, tempere-os dos dois lados com sal e despeje sobre eles o conhaque. Deixe aquecer e, então, incline a frigideira ligeiramente para flambar a bebida. Quando a chama se apagar, retire os bifes e acomode-os em um prato de servir.
4. Na frigideira utilizada para fritar os bifes, despeje o purê de tomate, a cebola (opcional) e a água. Mexa até ferver.
5. Adicione o creme de leite e espere apenas aquecer.
6. Despeje o molho sobre os bifes e sirva.

Suas anotações

Frango ao creme

Ingredientes para o frango

5 filés de frango (peito ou sobrecoxa)
Sal a gosto
1 colher (sobremesa) de alho amassado
2 colheres (chá) de páprica doce
2 colheres (chá) de molho de pimenta
2 talos de salsão
2 colheres (sopa) de manteiga
1 colher (sopa) de mostarda
½ talo de hortelã picado
1 cebola relada
200 ml de água

Ingredientes para o creme

250 g de requeijão cremoso Catupiry® Original
1 lata de creme de leite
½ xícara (chá) de leite integral
1 colher (sopa) de *ketchup*
1 colher (chá) de molho de pimenta
Sal a gosto

Modo de preparo

1. Ligue o gratinador do forno.
2. Tempere o frango com sal, alho, páprica doce e molho de pimenta e deixe marinar por pelo menos 30 minutos.
3. Limpe e pique o salsão em pequenos pedaços. Reserve.
4. Em uma frigideira aquecida, derreta a manteiga e doure os filés já marinados. Adicione a mostarda e a hortelã finamente picada. Reserve em um prato de forno.
5. Na mesma frigideira em que o frango foi dourado, adicione a cebola ralada (ou triturada) e o salsão, refogue até a cebola se tornar cristalina e adicione 200 ml de água para que todos os sabores se unam em um caldo. Cozinhe até esse molho engrossar levemente e reserve.
6. Em uma panela à parte, em fogo médio, prepare o creme. Junte o Catupiry®, o creme de leite e o leite e deixe aquecendo até se tornar uma mistura uniforme. Tempere com *ketchup*, molho de pimenta e sal.
7. Cubra os frangos com o molho da frigideira em que foi dourado e, por cima, adicione o creme de Catupiry®.
8. Leve ao forno para gratinar por aproximadamente 8 minutos.

Suas anotações

Frango bêbado

Decidi chamar essa receita de frango bêbado em razão da quantidade de bebidas alcóolicas que ela leva, mas não se assuste, pois, no final, tudo fica em harmonia.
O licor que eu utilizo para esse preparo é o de cassis, que se encaixa perfeitamente com os outros sabores. Apesar de ser um prato de cor uniforme, o seu aroma e seu sabor surpreendem.

Ingredientes

6 filés de peito de frango
1 dente de alho
1 cebola
6 colheres (sopa) de manteiga
½ xícara (chá) de vinho do Porto
½ xícara (chá) de vinho branco
¼ de xícara (chá) de conhaque
¼ de xícara (chá) de licor de sua preferência (doce)
1 xícara (chá) de creme de leite
2 gemas

DICA

Essa é uma receita muito rica em sabor, por isso o ideal é servi-la com acompanhamentos neutros, como purê de batatas e legumes ao vapor.

Modo de preparo

1. Pique finamente o alho e a cebola. Reserve.
2. Em uma panela ou caçarola grande, em fogo baixo, derreta a manteiga e frite os filés de frango, virando-os de vez em quando até que fiquem dourados e macios.
3. Tire a panela do fogo, acrescente as bebidas e volte a panela ao fogo para ferver.
4. Com cuidado, flambe os filés e, com a ajuda de uma colher ou uma concha pequena, regue-os com o caldo da panela até o fogo do flambado se apagar.
5. Tire a panela do fogo e retire somente os filés de frango, acomodando-os em uma travessa de servir. Mantenha o caldo na panela.
6. Volte a panela ao fogo, acrescente o alho e a cebola ao caldo e reduza-o pela metade, até formar um molho.
7. Adicione o creme de leite e as gemas e mexa, sem deixar ferver, até ficar homogêneo.
8. Despeje o molho sobre os filés de frango e sirva imediatamente.

Suas anotações

Frango com aspargos

Esse prato foi bem marcante na vida da minha mãe, pois ela sempre se lembra com carinho de uma refeição em que foi servido frango com aspargos.
Assim como muitas das receitas deste livro, essa é simples, fácil e muito saborosa. A montagem surpreende a todos pela quantidade de camadas e pelos sabores presentes no prato.
Eu adoro comidas de um tabuleiro só porque não dão muito trabalho, já são completas e todos os sabores entram em perfeita harmonia. Apesar de não precisar de mais nada para complementar, arroz branco é um bom acompanhamento.

Ingredientes

1 frango grande
2 limões (de qualquer tipo)
2 colheres (sopa) de manteiga
1 cebola
1 colher (sobremesa) de purê de tomate
1 frasco grande de aspargos em conserva
2 xícaras (chá) de leite
2 xícaras (chá) de caldo de galinha
4 gemas
2 colheres (sopa) de manteiga
4 colheres (sopa) de farinha de trigo
150 g de queijo prato (ou parmesão) ralado
100 g de *croutons*

Modo de preparo

1. Corte e limpe o frango, lave-o com limão e o deixe marinando por 24 horas em uma colher (sopa) de sal e um limão espremido.
2. Pique finamente a cebola e, em uma frigideira grande aquecida, refogue-a na manteiga.
3. Em seguida, abaixe o fogo e acrescente o frango cortado e o purê de tomate. Deixe cozinhar, mexendo de vez em quando. Quando começar a borbulhar, adicione água quente até cobrir o frango e deixe cozinhando até ficar macio.
4. Quando achar que o frango está macio, separe a carne dos ossos e da pele. Reserve o molho e o frango.
5. Reserve 1 xícara da água dos aspargos em conserva. Pique os aspargos em 3 partes e reserve.
6. Em outra panela, faça um creme juntando a água dos aspargos, o leite, o caldo de galinha, as gemas, a manteiga e a farinha. Mexa tudo até que a mistura se torne homogênea e, apenas se necessário, ajuste o sal. Adicione os aspargos cortados e reserve.
7. Em uma travessa de servir, acomode o frango, regue-o com o molho dele mesmo e depois com o molho de aspargos. Acrescente, no topo, uma camada de queijo ralado e, em cima, os *croutons*. Leve ao forno apenas para gratinar. Sirva quente.

Suas anotações

Frango doce azedo

O sabor dessa receita remete à Ásia, já que o gengibre com pimentões e o molho *shoyu* proporcionam um toque diferente e um pouco picante. O frango fica suculento e completamente envolto nessa camada de sabor que é o molho.

Ingredientes

1 peito de frango sem osso
½ colher (chá) de sal
1 colher (chá) de amido de milho
3 colheres (sopa) de óleo
1 ½ colher (sopa) de molho de soja escuro (*shoyu*)
1 ½ colher (sopa) de vinagre de vinho tinto
1 ½ colher (sopa) de açúcar
1 colher (sopa) de purê de tomate
100 ml de caldo de galinha
1 cebola
1 pimentão verde
1 colher (chá) de gengibre ralado
1 dente de alho
2 colheres (sopa) de broto de bambu picado (opcional)

Modo de preparo

1. Pré-aqueça o forno a 180°C por 15 minutos e desligue.
2. Corte o peito de frango em fatias de aproximadamente 1 cm de largura, no sentido oblíquo ao da fibra da carne.
3. Misture o sal com o amido de milho e polvilhe sobre o frango.
4. Em uma frigideira grande, em fogo médio, aqueça o óleo, acrescente o frango em tiras e frite por aproximadamente 4 minutos. Desligue o fogo e reserve o frango dentro do forno, em uma travessa aquecida.
5. Misture o molho *shoyu*, o vinagre, o açúcar, o purê de tomate e o caldo de galinha. Reserve.
6. Fatie finamente a cebola, corte o pimentão em tiras finas, rale o gengibre e pique o alho. Aqueça a mesma frigideira que foi utilizada para fritar o frango e refogue todos esses ingredientes por aproximadamente 1 minuto. Coloque também o broto de bambu, se optar por utilizá-lo.
7. Adicione o molho reservado (item 5), o frango (item 4) e deixe cozinhar até que o frango esteja pronto e aquecido.
8. Disponha em uma travessa de servir e leve à mesa.

Suas anotações

Frango na cerveja

Essa receita não tem nenhum toque meu em especial. Fiz questão de mantê-la como a da minha vó Aparecida, porque me traz os sabores das comidas que ela fazia e lembranças maravilhosas.
Na minha casa, sempre fazemos esse frango acompanhado de *penne* cozido e passado na manteiga, mas você pode usar qualquer outra massa curta, como parafuso (*fusilli*) ou gravatinha (*farfalle*). Depois de pronto, separamos um pouco do molho e colocamos sobre a massa.

Ingredientes

1 frango cortado em pedaços pequenos
2 dentes de alho
1 colher (chá) de páprica doce
1 colher (sobremesa) de molho de soja escuro (*shoyu*)
Pimenta-do-reino a gosto
2 colheres (sopa) de azeite
3 xícaras (chá) de água fervente
100 g de sopa de cebola em pó
355 ml de cerveja preta

DICA

Você pode deixar as coxas e as sobrecoxas inteiras, assim elas se tornam bons acompanhamentos.

Modo de preparo

1. Tempere os frangos com o alho picado, a páprica, o *shoyu* e a pimenta-do-reino. Deixe marinar por 10 minutos.
2. Em uma panela grande, refogue os frangos no azeite até ficarem dourados.
3. Adicione a água fervente, a sopa de cebola em pó e a cerveja. Diminua a chama e, em fogo brando, deixe a mistura cozinhar por aproximadamente 20 minutos ou até que o frango esteja macio e o molho, cremoso. Mexa de vez em quando.
4. Retire do fogo e sirva com o acompanhamento de sua preferência. As sugestões são arroz branco, batatas ou massa curta. Coloque o restante do molho em uma molheira para ser usado como desejar.

Suas anotações

Fritada de siri

Esse é o nome original da receita, mas ela me parece mais um suflê; então, você pode chamá-la como preferir. Independentemente de como a chamar, ela sempre terá o sabor incrível de uma refeição especial.
A tradicional receita de siri da minha avó Aparecida é a da casquinha de siri ao molho de dendê (ver páginas 24-25); já a fritada é uma versão "tamanho família", o que a torna uma boa opção para um dia de praia junto dos amigos, com drinques para complementar.

Ingredientes

500 g de carne de siri
3 tomates
1 ½ cebola
½ xícara (chá) de azeitonas verdes
2 colheres (sopa) de azeite
1 xícara (chá) de miolo de pão ou 3 fatias de pão de forma sem casca
1 xícara (chá) de leite de coco
Sal a gosto
Pimenta-do-reino a gosto
½ maço de cheiro-verde
8 ovos

Modo de preparo

1. Pré-aqueça o forno a 200°C.
2. Corte as cebolas ao meio e depois em finas fatias. Corte os tomates em cubos. Pique as azeitonas. Refogue esses ingredientes no azeite.
3. Em seguida, adicione a carne de siri e deixe cozinhar.
4. Amoleça o pão no leite de coco, passe na peneira e junte ao refogado. Tempere com sal e pimenta-do-reino a gosto e deixe cozinhar até que se forme um caldo concentrado. Adicione o cheiro-verde finamente picado. Desligue o fogo e reserve esse refogado de siri.
5. Separe as claras das gemas e bata-as em neve. Em seguida, aos poucos e mexendo levemente, acrescente as gemas. Divida essa mistura em 3 partes iguais.
6. Na frigideira com o refogado de siri, acrescente uma parte (⅓) da mistura de ovos. Mexa para incorporar.
7. Despeje outra parte (⅓) da mistura de ovos em um prato de forno previamente untado com azeite. Por cima, verta o refogado de siri. Por fim, cubra tudo com o restante final (⅓) da mistura de ovos.
8. Decore com rodelas de cebola, tomate, salsinha, azeitonas e o que mais desejar. Leve ao forno por aproximadamente 20 minutos e sirva imediatamente.

Suas anotações

Macarrão com cogumelos

Macarrão e cogumelo são dois ingredientes deliciosos por si sós; juntos, ficam incríveis! Essa massa é leve, saborosa e muito aromática.
Para ser sincera, minha mãe e meu tio não se lembram dessa receita, mas a encontrei nas pastas da minha avó Aparecida e achei que ela precisava ser testada. Fico feliz de ter dado uma chance a ela porque é prática, rápida e uma excelente opção para um almoço em família.
Como a minha irmã não gosta de salsinha, eu substituí por tomilho fresco e combinou perfeitamente! O tomilho deu um toque leve e se agregou impecavelmente ao limão.

Ingredientes

200 g de talharim
3 litros de água fervente
Sal a gosto
100 g de cogumelos frescos
1 ½ colher (sopa) de manteiga
Suco de ½ limão (de qualquer tipo)
½ cebola
3 dentes de alho finamente picados ou ralados
½ xícara (chá) de vinho branco seco
Pimenta-do-reino ralada ou triturada a gosto
1 ½ lata de creme de leite
½ xícara (chá) de leite
1 maço de salsa picado
Queijo parmesão ralado a gosto

DICA

Adicionar um fio de azeite na cocção do macarrão o deixa com um sabor especial.
Não ferva o creme de leite. Depois de adicioná-lo, deixe apenas até que aqueça e desligue o fogo.
É importante que o suco da cocção dos cogumelos seque para que a acidez evapore e reste apenas o sabor.

Modo de preparo

1. Cozinhe o macarrão na água fervente com sal por aproximadamente 7 minutos.
2. Limpe os cogumelos, corte-os em lâminas e reserve.
3. Em uma panela, aqueça 1 colher (sopa) de manteiga, adicione os cogumelos, tampe e deixe em fogo baixo por aproximadamente 5 minutos ou até que o suco que se forma na cocção seque.
4. Em seguida, adicione o suco de limão, a cebola, o alho e o vinho e deixe reduzir.
5. Adicione o restante (½ colher de sopa) da manteiga e a pimenta-do-reino e refogue até que tudo esteja frito e dourado.
6. Acrescente o creme de leite, o leite e a salsa picada e misture até que tudo apenas aqueça, formando o molho.
7. Escorra o macarrão, misture com o molho e sirva imediatamente com o queijo ralado por cima.

Suas anotações

Macarrão gratinado

O macarrão é um dos meus ingredientes favoritos por sua versatilidade e neutralidade e pela possibilidade de infinitas combinações de molhos.
Aprendi com a minha mãe um bom truque: jogar uma folha de manjericão na água do cozimento para que a massa aromatize. Hoje, percebo que isso é uma dica, na realidade, da minha avó Aparecida.
Apesar de a erva não aromatizar efetivamente a massa, é o "gostinho ao fundo" que permite a surpresa e um toque especial na receita. Em qualquer prato que preparamos, é sempre cada "gostinho" utilizado que constrói o sabor.

Ingredientes

1 folha de louro
1 ramo de segurelha ou sálvia
1 cebola cortada ao meio
4 litros de água
1 colher (sopa) de sal
500 g de talharim fino
2 colheres (sopa) de manteiga
1 colher (sopa) de farinha de trigo
½ lata de creme de leite
2 xícaras (chá) de leite morno
1 xícara (chá) de queijo prato ralado
1 xícara (chá) de queijo parmesão ralado
Noz-moscada a gosto
Sal a gosto
Pimenta-do-reino a gosto

DICA

Se você quiser dar um toque especial nessa massa, experimente acrescentar tomates picados em cubos médios entre as camadas. Outra variação é adicionar frango desfiado ao molho.

Modo de preparo

1. Aqueça o forno a 260°C ou ligue no modo gratinar.
2. Em uma panela, coloque o louro, a segurelha, a cebola e 4 litros de água. Junte a colher (sopa) de sal e deixe ferver. Coloque o macarrão na panela e deixe-o cozinhar até que fique *al dente*, por cerca de 5 a 7 minutos.
3. Em outra panela, faça um creme aquecendo a manteiga e dourando nela a farinha de trigo. Acrescente o leite morno e, em seguida, o creme de leite. Tempere com sal, pimenta-do-reino e noz-moscada e reserve.
4. Em uma forma refratária untada, arrume camadas alternadas de macarrão, queijo prato com queijo parmesão e creme, até utilizar todos os ingredientes. A última camada deve ser de queijo.
5. Espalhe cubos pequenos de manteiga no topo e leve ao forno para gratinar. Sirva imediatamente.

Suas anotações

Massa com molho de tomate e músculo

A grande estrela desse prato é o molho! Dessa maneira, independentemente do tipo de massa, o sabor ficará ótimo. Para a foto deste livro, eu fiz com *penne*. Essa receita requer aproximadamente 2 ½ horas de preparo, mas o resultado fantástico faz a espera valer a pena.
Eu e minha irmã temos lembranças antigas desse prato, pois sempre foi um clássico na minha casa. Quando minha mãe era mais nova, meu avô Paulo costumava fazer macarrão com molho de tomate com músculo para ela e seus irmãos. Ela me contou que se recorda bem de levar horas para ficar pronto e também que eles esperavam ansiosos toda vez que o vovô ia para a cozinha.
O resultado era – e ainda é – sempre o mesmo: um molho com caldo aveludado, rico em sabor e com um perfume contagiante.

Ingredientes

500 g de macarrão
2 kg de tomate
½ xícara (chá) de água
1 kg de músculo
⅓ de xícara (chá) de óleo
3 colheres (sopa) de extrato de tomate
1 colher (sobremesa) de molho inglês
Pimenta-do-reino a gosto
Sal a gosto
1 colher (sopa) de orégano ou manjericão
2 colheres (sopa) de azeite

Modo de preparo

1. Descasque e tire as sementes dos tomates, bata-os no liquidificador com a água e reserve.
2. Em uma panela, doure a carne sem tempero no óleo e com o extrato de tomate até que ela escureça. Aumente o fogo, acrescente os tomates batidos e, assim que ferver, deixe que o molho reduza em fogo baixo por aproximadamente 20 minutos.
3. Após a redução, adicione o molho inglês e a pimenta e deixe cozinhando em fogo brando por aproximadamente 2 horas, até essa combinação concentrar e apurar os sabores. O molho deve ficar grosso e suculento e o músculo, extremamente macio. Por fim, adicione o sal, o orégano e o azeite.
4. Por fim, cozinhe o macarrão em água fervente salgada, escorra e disponha em um prato de servir. Verta o molho sobre a massa ou separe-o em outra travessa e deixe que seus convidados se sirvam.

Suas anotações

Nhoque

Eu sou suspeita quando o assunto é nhoque, porque essa massa com batatas é o meu prato favorito desde minha infância. Quando encontrei essa receita da minha avó Aparecida, eu me apaixonei! O nhoque da minha avó Aparecida tem algumas peculiaridades, como o queijo parmesão na massa e a consistência macia. Na primeira vez que eu fiz essa receita, quis sentir o sabor real da massa. Então, preparei uma *beurre noisette** com sálvia, que juntei às bolinhas de nhoque depois de cozidas. O sabor é singular!
Na foto, o nhoque é apresentado com molho de tomate, mas praticamente qualquer molho ficará delicioso.

* Manteiga aquecida e lentamente dourada em fogo médio.

Ingredientes

5 batatas médias
3 ovos
5 colheres (sopa) rasas de farinha de trigo
2 colheres (chá) de sal
3 colheres (sopa) de queijo parmesão ralado
Farinha de trigo para polvilhar

DICA

Ao abrir a massa, cuide para não agregar muita farinha de trigo – use-a apenas como auxílio para abrir e cortar os nhoques.

Modo de preparo

1. Cozinhe as batatas em água fervente com sal, descasque-as ainda quentes e passe-as por um espremedor.
2. A esse purê morno, adicione o restante dos ingredientes, exceto a farinha de trigo, e mexa até que se forme uma massa homogênea e ainda um pouco pegajosa.
3. Polvilhe farinha de trigo sobre a superfície da bancada, despeje ¼ de massa sobre ela, polvilhe farinha mais uma vez e abra com as mãos com movimentos suaves até criar uma linha da espessura de um dedo. Corte os quadradinhos de nhoque e reserve-os em um tabuleiro com bastante farinha enquanto repete essa operação até a massa acabar.
4. Despeje os nhoques em água fervente e, assim que eles emergirem à superfície, estarão prontos. Sem demora, com o auxílio de uma escumadeira, retire-os da água quente e transfira-os para uma bacia com água fria, a fim de interromper o cozimento.
5. Agregue à massa o molho de sua preferência e sirva.

Suas anotações

Panqueca salgada com carne

Essa receita de panqueca salgada com recheio de carne representa a minha casa. Provavelmente, todos os brasileiros já comeram esse prato alguma vez na vida. A verdade é que a massa de panqueca salgada é tão neutra que o recheio pode ser do sabor de sua preferência. Com criatividade e alguma noção de sabores, você pode usar frango, cogumelos, abobrinha, ricota, tomate e tantos outros ingredientes.
A única regra é deixar a massa fina e o recheio saboroso. Portanto, use a sua imaginação e não se esqueça de anotar as suas alterações e ideias!

Ingredientes para a massa

2 xícaras (chá) de farinha de trigo
2 xícaras (chá) de leite
2 ovos
1 colher (sopa) de fermento químico em pó
1 colher (chá) de sal
2 colheres (sopa) de manteiga derretida

Ingredientes para o recheio

500 g de carne moída
Sal a gosto
Pimenta-do-reino a gosto
1 colher (sopa) de azeite
1 cebola
1 dente de alho
4 tomates sem casca e sem semente
Salsinha a gosto picada
Cebolinha a gosto picada
2 xícaras (chá) de molho de tomate
Queijo parmesão ralado a gosto

Modo de preparo

1. Pré-aqueça o forno a 250°C ou ligue a função de gratinar.
2. Tempere a carne moída com sal e pimenta-do-reino.
3. Refogue a cebola e o alho picados e os tomates sem casca e sem semente no azeite. Acrescente a carne e mexa até que doure. Adicione a salsinha e a cebolinha, ajuste o sal, se necessário, e desligue o fogo. Reserve.
4. Para a massa, adicione todos os ingredientes no liquidificador e bata até que se torne homogênea. Em seguida, passe por uma peneira para garantir que não terá grumos.
5. Em uma frigideira antiaderente média aquecida, adicione meia concha de massa e espalhe-a para que faça o formato do fundo da frigideira. Deixe fritar e secar e vire a panqueca do outro lado até dourar. Retire da frigideira o disco da panqueca e reserve. Repita a operação até a massa acabar.
6. Em cada disco de panqueca, adicione a carne moída e enrole como um *wrap*.
7. Disponha as panquecas recheadas em uma forma de vidro que possa ir ao forno e verta o molho de tomate sobre elas. Salpique queijo ralado e leve ao forno para gratinar. Sirva quente.

Suas anotações

Peixe com leite de coco

Minha avó Aparecida utilizava leite de coco com bastante frequência em suas receitas. Por ser um ingrediente único e saboroso, usá-lo para cozinhar é uma forma bonita e elegante de exaltá-lo. E, por sua versatilidade, é um componente coringa.

Ingredientes

4 postas de namorado
Pimenta-do-reino a gosto
4 colheres (sopa) de suco de limão (de qualquer tipo)
Sal a gosto
3 colheres (sopa) de azeite
3 cebolas
6 tomates sem pele e sem semente
1 maço de cheiro-verde picado
3 ramos de coentro picados
1 folha de louro
2 xícaras (chá) de leite de coco
Molho de pimenta a gosto

Modo de preparo

1. Tempere o peixe com o suco de limão e a pimenta-do-reino e deixe marinar por aproximadamente 20 minutos. Adicione o sal e espere mais 10 minutos.
2. Pique finamente as cebolas e, em uma frigideira aquecida, refogue-as no azeite até que dourem. Retire da frigideira e reserve. Adicione o peixe na frigideira e doure dos dois lados. Em seguida, acrescente os tomates picados em cubos, o cheiro-verde e o coentro picados e a folha de louro e deixe cozinhar por aproximadamente 3 minutos.
3. Junte o leite de coco, adicione a cebola reservada e tempere com molho de pimenta a gosto. Assim que o molho estiver cremoso, retire do fogo.
4. Sirva quente, acompanhado de arroz, batatas ou legumes salteados ou salada.

Suas anotações

Peixe com molho remolado

Apesar de simples, essa receita é riquíssima em sabor. A crosta que se forma ao redor do peixe mantém aprisionada sua umidade e, por consequência, o peixe fica mais suculento e "molhadinho".
Como minha avó Aparecida era dona de casa, suas receitas, além de saborosas, precisavam ser práticas. Por isso, essa, assim como muitas outras deste livro, é rápida e saborosa.

Ingredientes para o peixe

5 filés ou 2 postas de peixe
Sal a gosto
Pimenta-do-reino a gosto
Suco de 1 limão
1 ½ xícara (chá) de farinha de rosca
2 colheres (chá) de páprica doce
2 colheres (chá) de páprica picante
1 colher (chá) de sal
1 xícara (chá) de óleo ou azeite

DICA

Se a ideia de utilizar salsão ralado lhe parecer estranha, substitua por nirá ou cebolinha picada. Eu utilizei cebolinha.

Ingredientes para o molho

1 lata de creme de leite
1 colher (sopa) de leite
1 colher (sopa) de suco de limão
1 colher (sobremesa) de mostarda
1 colher (sobremesa) de molho inglês
1 colher (chá) de sal
Pimenta-do-reino a gosto
1 raiz de salsão branco ralada

Modo de preparo

1. Tempere o peixe com sal, pimenta-do-reino moída e suco de limão.
2. Faça uma misturinha com a farinha de rosca, as duas pápricas e a colher (chá) de sal. Passe o peixe nessa mistura.
3. Em uma frigideira aquecida com óleo, frite os peixes e disponha-os em um prato de servir.
4. Em uma panela à parte, adicione todos os ingredientes do molho e aqueça.
5. Sirva o peixe com o molho, acompanhado de batatas cozidas ou legumes ao vapor.

Suas anotações

___

___

___

Nota: na foto, o peixe está acompanhado com a abobrinha *sauté* das páginas 108-109.

Pudim de bacalhau

O pudim de bacalhau é delicioso, diferente, vistoso e versátil. Pode ser servido acompanhado de arroz branco, batatas gratinadas, farofa, camarão cremoso, entre outros.
Você pode fazer as suas variações. Eu, por exemplo, por não gostar de uva-passa, não a utilizo. Você também pode brincar com os temperos, desde que a primeira parte da receita seja sempre a mesma; assim, haverá pudins inovadores. Já imaginou um pudim de bacalhau com açafrão? E se colocar pimenta-biquinho? Fica a seu critério inventar ou não.

Ingredientes

Manteiga e farinha de rosca para untar
½ kg de bacalhau dessalgado e desfiado
200 g de manteiga
2 dentes de alho
1 cebola
1 pimentão vermelho
150 g de farinha de trigo
6 colheres (sopa) de azeite
1 litro de leite
3 colheres (sopa) de queijo parmesão ralado
10 ovos
50 g de alcaparras (opcional)
1 xícara (chá) de uva-passa (opcional)
1 colher (café) de noz-moscada
1 colher (café) de pimenta-do-reino branca
6 colheres (sopa) de salsa, cebolinha e coentro picados

Modo de preparo

1. Pré-aqueça o forno a 200°C e unte uma forma de pudim média com manteiga e farinha de rosca.
2. Pique finamente o alho, a cebola e o pimentão e doure-os em 100 g de manteiga até a cebola amolecer. Adicione o bacalhau, refogue e reserve em uma tigela.
3. Na mesma panela, em fogo brando, doure a farinha de trigo no restante (100 g) da manteiga, adicione o azeite e, aos poucos, acrescente o leite. Mexa até que todos os grumos se desfaçam. Então, junte o queijo parmesão ralado e o bacalhau, misture e retire do fogo para que esfrie levemente.
4. Separe as claras das gemas dos ovos, bata as claras em neve e, depois, uma a uma, adicione as gemas. Bata até os ovos se tornarem macios e fofos.
5. À mistura de bacalhau da panela, acresça as alcaparras, as uvas-passas, a noz-moscada, a pimenta-do-reino branca, a salsa, a cebolinha, o coentro e os ovos batidos.
6. Despeje tudo na forma previamente untada e leve ao forno em banho-maria por aproximadamente 20 minutos.
7. Espere o pudim amornar, desenforme e sirva decorado com salsa, cebolinha e coentro.

Suas anotações

Siri e camarão com molho de coco

Essa é uma refeição "dos sonhos" para quem ama frutos do mar! É rica em cultura e traz à tona sabores brasileiros bem marcantes. Pode ser muito bem acompanhada de arroz branco, salada e até uma farofa de coco típica do Nordeste. O frescor da salsinha complementa perfeitamente a ardência da pimenta, e as ervilhas trazem uma leveza inesperada ao prato. Certamente, as grandes estrelas dessa receita são o siri e o camarão, mas não menospreze nenhum detalhe, pois todos os ingredientes são responsáveis pela construção do sabor final.

Ingredientes

1 ½ kg de camarão fresco
1 colher (sopa) de cebola em pó
2 colheres (chá) de alho em pó
1 colher (sobremesa) de pimenta-do-reino ralada ou triturada
½ limão-siciliano
1 cebola
2 dentes de alho
2 colheres (sopa) de manteiga
2 colheres (sopa) de azeite
1 pimentão vermelho
8 tomates sem pele e sem sementes
500 g de carne de siri
2 xícaras (chá) de leite de coco
½ molho de coentro
½ maço de salsinha
1 pimenta-malagueta (opcional)
1 colher (sobremesa) de farinha de trigo
200 g de ervilhas
2 colheres (sopa) de azeite de dendê

Modo de preparo

1. Limpe os camarões e tempere com os condimentos em pó, a pimenta-do-reino ralada, o suco do limão-siciliano e sal. Reserve.
2. Pique finamente a cebola e o alho e doure-os na manteiga com azeite.
3. Acrescente o pimentão e os tomates picados e deixe refogar por aproximadamente 2 minutos.
4. Junte o siri, os camarões e 1 xícara de leite de coco. Deixe a mistura ferver em fogo médio e, se necessário, ajuste o sal.
5. Pique bem o coentro, a salsinha e a pimenta e junte-os à mistura anterior. Ferva por mais 10 minutos.
6. Em uma cumbuca à parte, junte a farinha de trigo e o restante de leite de coco e verta sobre a mistura de siri e camarão da panela. Mexa até obter um caldo cremoso.
7. Acrescente as ervilhas e o azeite de dendê e, assim que ferver, retire do fogo e sirva ainda quente.

Suas anotações

Sopa de alho-poró

Essa sopa é cremosíssima e o caldo que você optar por usar fará toda a diferença. O alho-poró é um ingrediente muito interessante porque, assim como muitos outros legumes e verduras, ele pode ser consumido de diferentes maneiras. Uma boa ideia para essa sopa é, ao fim, cortar algumas tirinhas bem finas de alho-poró, fritar e dispor sobre a sopa, pois assim você terá diferentes texturas e sabores do mesmo ingrediente.
É uma comida reconfortante no frio do inverno e também uma boa opção de refeição mais leve.

Ingredientes

4 talos de alho-poró
½ kg de batata
2 dentes de alho
2 colheres (sopa) de manteiga
1 litro de caldo de legumes
220 ml de leite
250 g de creme de leite
Sal a gosto

DICA

Para uma versão mais leve, substitua as batatas por chuchu ou abobrinha e a manteiga por azeite.
Utilizar caldo de legumes caseiro torna a sopa ainda mais saborosa.

Modo de preparo

1. Pique finamente o alho-poró. Descasque as batatas e corte-as em cubos médios. Reserve os dois.
2. Em uma panela grande, refogue o alho na manteiga, adicione o caldo de legumes e as batatas cortadas. Deixe ferver até que estejam cozidas.
3. Quando as batatas estiverem cozidas, coloque no liquidificador as batatas, o caldo que estava junto na cocção das batatas (aproximadamente 880 ml), o alho-poró picado e o leite. Bata até que a mistura se torne homogênea.
4. Despeje o creme do liquidificador na panela, adicione o creme de leite e deixe apenas que esquente, sem ferver. Sirva imediatamente.

Suas anotações

Sopa de cogumelos

Essa sopa é bem cremosa, saborosa e com uma apresentação surpreendente. É uma ótima escolha para quem está com pressa e quer preparar algo diferente e que traga um aconchego para a família e os amigos.

Ingredientes

1 tomate sem pele picado
3 xícaras (chá) de cogumelos paris ou shitake
1 cebola picada
1 colher (sopa) de manteiga
1 colher (sopa) de farinha de trigo
1 litro de caldo de legumes
Sal a gosto
Pimenta-do-reino a gosto
3 ovos
Queijo parmesão ralado a gosto
Salsa a gosto

DICA

Quando for gratinar os ovos, a sopa pode ser separada em ramequins individuais, assim cada pessoa receberá a sopa já gratinada em seu prato.

Modo de preparo

1. Ferva 1 litro de água. Faça uma cruz na parte inferior do tomate e cozinhe-o por 2 minutos. Retire-o da água, remova a casca e corte-o em cubinhos pequenos. Reserve.
2. Corte os cogumelos em meia-lua e a cebola em pequenos cubos. Em uma panela, refogue-os na manteiga junto com os tomates até que a água da cocção reduza. Retire o refogado da panela e reserve.
3. Adicione na panela a farinha, o caldo de legumes, o sal e a pimenta-do-reino. Deixe essa mistura reduzir até sobrar aproximadamente ½ litro de caldo.
4. No liquidificador, bata o refogado, metade do caldo e 1 xícara de água. Depois, aos poucos, vá adicionando o caldo até a sopa ficar na consistência desejada.
5. Bata os ovos em outro recipiente e reserve.
6. Despeje o creme do liquidificador de volta na panela e verta os ovos batidos sobre o creme. Polvilhe queijo ralado e salsa e leve ao forno por aproximadamente 5 minutos para gratinar. Se preferir, disponha a sopa em tigelas individuais, quebre um ovo no topo de cada uma, polvilhe queijo ralado e salsa e leve ao forno.
7. Retire do forno e sirva.

Suas anotações

Estrogonofe da vovó

Acho que essa é a receita mais marcante da minha avó Tança. O estrogonofe dela nada tem a ver com o tradicional; não leva *ketchup*, nem molho de tomate, nem milho. No entanto, não se engane, é uma receita muito saborosa!
Pessoalmente, eu adoro os toques inusitados e pessoais que essa comida tem. Inclusive, um dos meus irmãos só come esse estrogonofe, "o da vovó". Adotamos essa receita e todos os amigos que provaram ficaram encantados.

Ingredientes

2 kg de filé-mignon cortado em cubos pequenos
Sal a gosto
Pimenta-do-reino moída a gosto
5 dentes de alho ralados
1 colher (sopa) de molho de soja
4 cebolas raladas
300 g de manteiga
2 colheres (sopa) de farinha de trigo
2 latas de creme de leite com soro

DICA

Essa quantidade é para uma família grande como a minha. Se a sua for menor, faça meia receita.
Sempre mexa a farinha para que não empelote.
Não ferva o creme de leite, assim ele não talhará.

Modo de preparo

1. Limpe e tempere o filé-mignon com sal, pimenta, os alhos ralados e o molho de soja. Reserve.
2. Em uma frigideira quente e mexendo a todo instante, torre a farinha de trigo pura em fogo baixo. Cuidado para não queimar! Reserve.
3. Rale as cebolas e, em outra panela, doure-as na manteiga em fogo médio por aproximadamente 30 minutos ou até que fiquem bem douradas. Mexa de vez em quando.
4. Quando a cebola estiver no ponto, adicione a carne e mexa para que ela cozinhe na água que se formará (se necessário, adicione ½ xícara de água).
5. Adicione a farinha de trigo reservada e cozinhe sem parar de misturar por cerca de 5 minutos.
6. Por fim, incorpore o creme de leite na receita e, assim que o molho esquentar, apague o fogo. Ajuste o sal, se necessário. O estrogonofe deve ficar com um molho cremoso, mas fluido.

Suas anotações

Talharim com nozes

Massa serve para qualquer ocasião e clima, seja uma refeição rotineira ou um jantar com os amigos, esteja frio, calor, com chuva ou sol.
Essa é uma receita leve, saborosa e completa, que dá a sensação de conforto e prazer.
O presunto cru (tipo parma) é um ingrediente muito especial e, embora muitas pessoas achem estranho adicioná-lo a pratos quentes, eu garanto que, se optar por utilizá-lo nesse prato, você não se arrependerá.

Ingredientes

500 g de talharim
3 colheres (sopa) de manteiga
2 dentes de alho socados
1 cebola
150 g de purê de tomate
2 ½ xícaras (chá) de água
Sal a gosto
Pimenta-do-reino a gosto
2 colheres (sopa) de amido de milho
½ xícara (chá) de queijo parmesão ralado
15 nozes
2 colheres (sopa) de cebolinha picada
300 g de presunto de parma (opcional)

DICA

Após cozinhar a massa, também pode despejá-la em metade do molho para que todo o talharim fique coberto. Em seguida, coloque a massa em uma travessa, cubra com o restante do molho, queijo ralado, presunto e nozes extras picadas para decorar.

Modo de preparo

1. Aqueça uma frigideira funda ou uma panela para molho, adicione a manteiga, os alhos socados e a cebola finamente picada e refogue.
2. Acrescente o purê de tomate, 2 xícaras de água e deixe cozinhar por aproximadamente 5 minutos. Tempere com sal e pimenta-do-reino.
3. Dissolva o amido de milho na ½ xícara de água restante e junte ao molho a fim de engrossá-lo. Mexa constantemente.
4. Em seguida, acrescente o queijo ralado e as nozes picadas. Deixe essa mistura aquecer e chegar a uma consistência cremosa, formando o molho. Desligue o fogo e reserve o molho.
5. Cozinhe a massa em água fervente salgada, transfira o talharim para uma travessa, despeje o molho, a cebolinha e o presunto cru picado por cima. Sirva imediatamente.

Suas anotações

Acompanhamentos

Abobrinha *sauté*

Essa é uma opção saudável e deliciosa para todos os dias. A receita original é feita com berinjela, mas, como eu não gosto, testei com abobrinha e deu certo! O interessante é que a maioria das receitas que se faz com abobrinha podem ser feitas com berinjela e vice-versa.
Se você estiver de dieta, essa receita será uma boa aliada porque os componentes são nutritivos. As castanhas têm gordura boa e dão um leve toque adocicado para o prato, enquanto a abobrinha é uma excelente fonte de fibras.

Ingredientes

2 abobrinhas
½ xícara (chá) de azeite
1 dente de alho
1 folha de louro
1 colher (chá) de sal
1 colher (chá) de cebola em pó
1 colher (chá) de pimenta-do-reino moída
1 colher (chá) de alho em pó
4 colheres (sopa) de castanha de caju

Modo de preparo

1. Lave bem as abobrinhas e corte-as em cubos médios. Enxugue-as em papel-toalha e reserve.
2. Leve ao fogo uma frigideira grande com o azeite e, quando estiver bem quente, despeje os cubos de abobrinha e deixe dourar por aproximadamente 5 minutos ou até que estejam levemente dourados.
3. Em fogo baixo, adicione o alho finamente picado, o louro e os condimentos em pó (sal, pimenta-do-reino e alho). Tampe a frigideira e deixe a mistura cozinhar por mais 5 minutos, mexendo com delicadeza de vez em quando.
4. Pique as castanhas de caju e polvilhe-as sobre a abobrinha. Sirva ainda quente, acompanhando carnes ou peixes.

Suas anotações

Arroz caipira

O que combina com arroz caipira? Carne e churrasco!
Eu amo o quanto essa receita balanceia o frescor natural das ervas com a fritura das carnes. Os sabores são deliciosos e entram em perfeita harmonia.
Não acho necessário discorrer muito sobre esse acompanhamento, pois a sua fama já existe e só nos resta apreciar.

Ingredientes

2 xícaras (chá) de arroz cru
100 g de toucinho defumado
3 cebolas
4 tomates sem pele e sem sementes
250 g de linguiça (toscana, calabresa, portuguesa ou outra) cortada em cubos
Sal a gosto
Pimenta-do-reino a gosto
1 xícara (chá) de folhas de agrião (opcional)
250 g de queijo minas frescal
1 maço de cheiro-verde

Modo de preparo

1. Corte o toucinho em pequenos cubos e frite em uma frigideira quente. Em seguida, retire-os e reserve.
2. Na mesma frigideira, refogue a cebola ralada ou passada em um processador de alimentos, os tomates picados, a linguiça, o sal e a pimenta-do-reino. Depois de tudo bem refogado, adicione as folhas de agrião. Desligue o fogo e reserve.
3. Em outra panela, cozinhe o arroz. Quando estiver pronto, adicione os ingredientes da frigideira na panela de arroz, acrescente o queijo minas e deixe que derreta em fogo baixo (lembre-se de mexer e misturar bem para nada grudar no fundo da panela).
4. Quando o queijo estiver derretido, misture o toucinho reservado, o cheiro-verde picado e sirva. Se quiser, adicione batata palha e milho.

Suas anotações

Batatas gratinadas

É uma receita simples, mas a manteiga aromatizada com sálvia torna as batatas gratinadas incríveis!
Na minha casa, comemos batata com muita frequência, especialmente as gratinadas. Então, quando encontrei essa receita no caderno da minha avó Aparecida, eu quis fazê-la imediatamente.
Intercalar as batatas com manteiga e queijo permite que todos os ingredientes se unam perfeitamente.

Ingredientes

½ kg de batata
1 xícara (chá) de queijo parmesão ralado
1 xícara (chá) de queijo prato ralado
2 colheres (sopa) de manteiga
1 colher (chá) de sálvia seca (ou orégano)
2 colheres (sopa) de óleo
½ xícara (chá) de leite
1 colher (sopa) de farinha de trigo
1 lata de creme de leite
Pimenta-do-reino a gosto
Noz-moscada a gosto
Sal a gosto

Modo de preparo

1. Pré-aqueça o forno a 200°C.
2. Descasque as batatas e corte-as em rodelas. Ferva-as em água com sal por aproximadamente 6 minutos, escorra e reserve.
3. Misture os queijos parmesão e prato ralados. Reserve.
4. Em uma panela à parte, derreta a manteiga e misture a sálvia, para aromatizar. Reserve.
5. Unte uma forma refratária com o óleo vegetal. Faça uma camada no fundo dela com as rodelas de batata (o suficiente para cobrir), regue-as com ⅓ da manteiga aromatizada e polvilhe-as com uma porção da mistura dos dois queijos.
6. Repita a operação nessa mesma ordem, formando várias camadas alternadas, utilizando o restante das batatas, da manteiga aromatizada e dos queijos.
7. Aqueça o leite com a farinha e misture até que ela se dissolva. Então, apague o fogo, adicione o creme de leite, o sal, a pimenta-do-reino e a noz-moscada, e verta esse creme sobre as batatas.
8. Leve o refratário ao forno por aproximadamente 15 minutos ou até que as batatas estejam gratinadas. Sirva em seguida.

Suas anotações

Couve-flor ao forno

Na minha família, nem todo mundo gosta de couve-flor, mas essa receita é sempre um sucesso! A que costumamos fazer não leva batatas, mas acho que esses ingredientes se complementam maravilhosamente bem.
Como uma das maiores atividades da minha avó Aparecida era cozinhar, todas as receitas são muito saborosas. Ela tinha prazer em cozinhar, empratar, servir e receber amigos em casa – e eu acredito que esse é o grande espírito da cozinha: a união.

Ingredientes

1 couve-flor média
Sal a gosto
2 xícaras (chá) de leite integral
5 batatas
2 ½ colheres (sopa) de manteiga
2 colheres (sopa) de farinha de trigo
Pimenta-do-reino a gosto
Noz-moscada a gosto
1 xícara (chá) de queijo parmesão ralado
1 colher (sopa) de farinha de rosca
Manteiga para untar

Modo de preparo

1. Limpe e separe os buquês da couve-flor. Cozinhe-os em água fervente (quantidade para apenas cobri-los) com sal e uma colher (sopa) de leite.
2. Descasque as batatas, corte-as em rodelas e cozinhe-as em água com sal.
3. Enquanto a couve-flor e as batatas cozinham, faça o molho. Em uma terceira panela, aqueça a manteiga, acrescente a farinha de trigo e mexa até formar uma massa. Aos poucos, adicione o leite morno e continue mexendo com o auxílio de um *fouet* para que toda a mistura se dissolva e fique uniforme. Tempere com sal, pimenta e noz-moscada a gosto e deixe o molho engrossar levemente. Então, adicione ½ xícara de queijo ralado. Deixe derreter e apague o fogo.
4. Escorra a couve-flor e as batatas e coloque-as em uma forma refratária untada com manteiga. Tempere-as com pimenta-do-reino e despeje o molho por cima. Salpique o restante do queijo ralado e a farinha de rosca.
5. Leve ao forno para gratinar por aproximadamente 15 minutos ou até que a superfície esteja dourada.
6. Sirva quente, acompanhando carnes vermelhas, peixe ou frango.

Suas anotações

Creme de milho-verde

Creme de milho-verde é uma receita muito popular, tanto pela sua praticidade quanto pelo seu sabor. É basicamente milho com molho bechamel; então, o que poderia dar errado?
Surpreendentemente, essa receita da minha avó Aparecida tem páprica e confesso que nunca provei um creme de milho com esse ingrediente, mas, para a minha surpresa, ele harmonizou perfeitamente com os demais sabores.

Ingredientes

2 latas de milho-verde (± 400g)
2 colheres (sopa) de manteiga
1 colher (sopa) de farinha de trigo
1 xícara (chá) de leite
Noz-moscada a gosto
Sal a gosto
Pimenta-do-reino moída a gosto
½ colher (chá) de páprica doce (opcional)
3 colheres (sopa) de creme de leite
2 colheres (sopa) de queijo parmesão ralado
½ maço de salsinha picada

Modo de preparo

1. Em fogo brando, aqueça a manteiga em uma panela, doure a farinha de trigo e adicione o leite morno. Mexa com um *fouet* até que não existam mais grumos. Então, acrescente a noz-moscada, o sal, a pimenta-do-reino, a páprica e o creme de leite e deixe que a mistura fique com uma consistência cremosa.
2. Apague o fogo, adicione o queijo ralado e o milho e misture.
3. Polvilhe salsinha picada e sirva em seguida, acompanhado de arroz branco e carne.

Suas anotações

Creme de espinafre

Sou fã de quase tudo que tenha espinafre. Além de ser uma das minhas folhas favoritas, o fato de essa receita combinar o espinafre com queijo deixa tudo ainda mais delicioso.
Esse acompanhamento combina perfeitamente com arroz, carne de boi e frango. Por ser de fácil preparo, é uma solução para os dias de correria.

Ingredientes

2 maços de espinafre
1 cebola
1 colher (sopa) de óleo vegetal ou azeite
Sal a gosto
Pimenta-do-reino moída a gosto
200 ml de requeijão cremoso
2 colheres (sopa) de creme de leite
4 ovos

DICA

Para os amantes de queijo, é uma boa ideia polvilhar queijo ralado antes de levar ao forno. Nesse caso, coloque para gratinar e não cubra o creme com papel laminado.

Modo de preparo

1. Pré-aqueça o forno a 180°C.
2. Pique grosseiramente o espinafre e cozinhe em água fervente por aproximadamente 6 minutos. Reserve.
3. Pique a cebola e, em fogo baixo, refogue-a no óleo ou azeite. Acrescente o espinafre, o sal, a pimenta e o requeijão. Mexa até obter uma mistura uniforme.
4. Coloque o creme em um prato de forno, faça 4 depressões e abra 1 ovo em cada uma delas. Cubra com papel laminado e leve ao forno por aproximadamente 10 minutos ou até que os ovos estejam cozidos.
5. Sirva imediatamente.

Suas anotações

Legumes à chinesa

Como o próprio nome diz, essa receita de legumes tem um sabor asiático e uma textura interessante. O molho *shoyu* reúne e neutraliza os sabores desse acompanhamento, permitindo um equilíbrio perfeito.

Ingredientes

2 cebolas
1 cenoura
1 pimentão vermelho
150 g de cogumelos frescos
2 colheres (sopa) de óleo vegetal
100 g de broto de feijão
1 colher (chá) de amido de milho em pó
1 xícara (chá) de molho de soja escuro (*shoyu*)

Modo de preparo

1. Limpe, descasque e corte a cenoura, as cebolas e o pimentão em tirinhas finas. Reserve.
2. Corte os cogumelos em 4 partes e reserve.
3. Em uma frigideira funda, aqueça o óleo e frite a cebola em fogo alto sem que ela queime. Adicione a cenoura e o pimentão e deixe cozinhar por aproximadamente 5 minutos.
4. Junte os cogumelos e o broto de feijão.
5. Em seguida, dissolva o amido de milho no molho *shoyu*, despeje sobre a mistura de legumes e deixe engrossar até se tornar um molho cremoso, mas fluido.
6. Sirva em seguida, acompanhado de carne de porco e/ou arroz integral.

Suas anotações

Nota: na foto, esse prato está servido como acompanhamento do filé ao molho de pimenta das páginas 70-71.

Quibebe de abóbora

Apesar de simples, essa é uma receita muito saborosa, saudável e nutritiva. Originalmente, minha avó Aparecida acrescentava uma colherzinha de açúcar à mistura, mas optei por adicionar gengibre. O resultado muda bastante, mas a abóbora já é adocicada e, particularmente, eu não acho que precise de nem mais um toque doce. Além disso, o gengibre dá uma sensação calorosa e combina harmonicamente com o legume. Apesar disso, ele é opcional; você escolhe se quer usá-lo na receita ou não.

Ingredientes

1 abóbora do tipo moranga ou japonesa (cabotiá)
1 cebola
1 dente de alho
1 colher (sopa) de azeite
50ml de caldo de legumes
Sal a gosto
Pimenta-do-reino a gosto
1 colher (chá) de gengibre ralado (opcional)

Modo de preparo

1. Em uma panela com água fervente, cozinhe a abóbora descascada e cortada em cubos.
2. Enquanto isso, pique finamente a cebola e o alho e refogue-os no azeite. Reserve esse refogado.
3. Passe a abóbora cozida por um espremedor de batatas ou esmague-a com um garfo até formar um purê. Você pode deixar com ou sem pedacinhos.
4. Verta o purê sobre o refogado, adicione o caldo de legumes, tempere com sal, pimenta e gengibre e deixe ferver até se tornar uma mistura uniforme e cremosa.
5. O quibebe deve ter a consistência de um purê aveludado, mas pode ter pedacinhos, se preferir (como na foto). Sirva quente.

Suas anotações

Rocambole de arroz

A massa desse rocambole é leve e neutra, o que permite que você crie inúmeras possibilidades de recheio. Por ser uma receita delicada, não se desespere se não acertar da primeira vez, pois certamente a segunda tentativa será melhor. Enquanto eu folheava os livros da minha avó Aparecida, encontrei essa receita escrita à mão pela minha avó Tança – provavelmente, em algum momento da vida, elas trocaram receitas. Mostrei ao meu pai e ele não tinha recordações dela, mas fiquei tão feliz em encontrar algo escrito por ela que resolvi testar – e valeu a pena!

Ingredientes para o recheio

1 dente de alho
½ cebola
12 tomates secos
150 g de queijo muçarela de búfala
1 colher (sobremesa) de manteiga
50 ml de vinho branco seco
2 colheres (sopa) de azeite
Manjericão fresco a gosto
Sal a gosto
Pimenta-do-reino a gosto

Ingredientes para a massa

2 xícaras (chá) de arroz cozido
1 xícara (chá) de farinha de trigo
2 xícaras (chá) de leite
½ xícara (chá) de óleo vegetal
½ xícara (chá) de queijo parmesão
1 colher (sopa) de fermento químico em pó
3 ovos
1 colher (chá) de sal
Pimenta-do-reino a gosto
Plástico-filme de PVC

Modo de preparo

1. Pré-aqueça o forno a 200°C. Unte um tabuleiro médio com manteiga. Reserve.
2. Para fazer o recheio, rale finamente o alho e corte a cebola em pequenos cubos, os tomates secos em 3 partes e o queijo em rodelas. Reserve.
3. Derreta a manteiga em uma frigideira e refogue o alho e a cebola em fogo baixo até que a cebola amoleça e se torne translúcida. Adicione o vinho branco, os tomates secos picados e deixe reduzir completamente.
4. Retire do fogo, transfira para uma tigela e agregue os demais ingredientes (azeite, manjericão picado, sal e pimenta-do-reino). Reserve.
5. Para fazer a massa, bata todos os ingredientes no liquidificador até que a mistura se torne uniforme. Despeje a massa no tabuleiro untado e leve ao forno por aproximadamente 30 minutos.
6. Retire do forno e, com muito cuidado, desenforme o rocambole ainda morno sobre uma tábua forrada com plástico-filme. Espalhe o recheio reservado na tigela e, com o auxílio do plástico-filme, enrole a massa para que fique no formato correto.
7. Deixe esfriar, apare as pontas, regue com um fio de azeite e decore com manjericão fresco.
8. Sirva frio ou aqueça rapidamente no forno.

Suas anotações

Sobremesas

Bolo amor em pedaços

O bolo amor em pedaços pode parecer comum ao olhar, mas quem experimenta se apaixona. A minha avó Aparecida não economizava no uso de um bom vinho ou conhaque, tanto nas receitas salgadas como nas sobremesas.
Apesar de a minha avó fazer esse bolo em um tabuleiro, eu o achei perfeito para uma forma de bolo inglês. Espalhe a calda sobre ele ainda morno na forma e espere que esfrie para cortá-lo; assim, além de deliciosa, a sua sobremesa será charmosa.

Ingredientes para a massa

4 ovos
200 g de manteiga sem sal em temperatura ambiente
130 g de açúcar
1 cálice de vinho do Porto
1 colher (chá) de fermento químico em pó
200 g de farinha de trigo

Ingredientes para a calda

Suco de ½ laranja
50 g de açúcar

Modo de preparo

1. Pré-aqueça o forno a 180°C. Unte um tabuleiro médio com manteiga e farinha de trigo.
2. Bata os ovos na batedeira por aproximadamente 5 minutos (até crescerem e ficarem fofos). Reserve em uma tigela.
3. No mesmo pote da batedeira, bata a manteiga com o açúcar até que se torne uma massa cremosa e homogênea.
4. A essa massa, adicione o vinho do Porto e os ovos batidos e mexa bem (não bata). Em seguida, adicione o fermento e a farinha de trigo e incorpore todos os ingredientes.
5. Despeje a massa no tabuleiro previamente untado e asse por aproximadamente 35 minutos.
6. Prepare a cobertura misturando o suco de laranja com o açúcar. Ferva a mistura por aproximadamente 6 minutos, espere esfriar e espalhe a mistura sob o bolo ainda morno.
7. Corte o bolo em quadradinhos e sirva (ou faça como eu e asse e sirva em forminhas de bolo inglês).

Suas anotações

Bolo de banana

Como confeiteira, os doces sempre me atraem. Muitas vezes, as receitas mais simples são as mais saborosas. É o caso desse bolo de banana.
Na receita original, minha avó Aparecida esmagava todas as bananas no garfo, mas eu percebi que acrescentar algumas ao liquidificador deixa a massa mais úmida e saborosa. Além disso, a farinha de rosca dá um "toque rústico" para a receita e cria uma camada crocante ao redor da massa – é uma delícia!

Ingredientes

4 ovos
½ xícara (chá) de óleo
4 bananas
Canela a gosto
Noz-moscada a gosto
2 xícaras (chá) de açúcar
2 xícaras (chá) de farinha de rosca
2 colheres (chá) de fermento químico em pó

Modo de preparo

1. Pré-aqueça o forno a 180°C. Unte uma forma com manteiga e farinha de rosca.
2. Separe as claras das gemas. Bata as claras em neve e reserve.
3. Bata no liquidificador as gemas, o óleo, duas bananas, canela e noz-moscada a gosto até ficar homogêneo. Reserve.
4. Amasse a terceira banana com um garfo.
5. Em uma tigela grande à parte, misture o açúcar com a farinha de rosca, acrescente a banana amassada e o conteúdo batido do liquidificador. Mexa até que se forme uma massa lisa com alguns pedaços de banana.
6. Por fim, com uma espátula, adicione as claras em neve e o fermento em pó e mexa de forma suave até que tudo esteja agregado, compondo a massa.
7. Despeje a massa na forma previamente untada, corte a última banana em rodelas, espalhe-as no topo e leve ao forno por aproximadamente 30 minutos.
8. Desenforme quando a massa estiver fria.

Suas anotações

Bolo de cenoura

Durante os meus testes de receitas, levei esse bolo de cenoura para uma feira em frente à minha casa e servi como cortesia a todos que por lá passavam. O sucesso foi tanto que algumas pessoas quiseram encomendar, levar fatias para casa ou voltaram com familiares para que eles pudessem experimentar também. É um bolo "supermolhadinho", não é doce demais e a calda é o componente final para tornar essa receita digna de uma "receita da vovó"!

Ingredientes para a massa

4 cenouras médias ou 2 grandes
4 ovos
2 xícaras (chá) de farinha de trigo
1 xícara (chá) de óleo
2 xícaras (chá) de açúcar
1 colher (sobremesa) de fermento químico em pó

Ingredientes para a calda

2 xícaras (chá) de leite
4 colheres (sopa) de açúcar
2 colheres (sopa) de manteiga
2 colheres (sopa) de chocolate em pó

Modo de preparo

1. Pré-aqueça o forno a 160°C. Unte uma forma de bolo média com manteiga e farinha de trigo.
2. Rale as cenouras e bata-as no liquidificador com os demais ingredientes da massa até obter uma massa lisa e homogênea. Despeje-a na forma previamente untada e leve ao forno por aproximadamente 35 minutos ou até que um garfo espetado saia limpo.
3. Enquanto o bolo assa, prepare a calda colocando todos os ingredientes listados em uma panela e mexendo até que se torne cremosa.
4. Desenforme o bolo e, após esfriar, despeje a calda por cima e sirva.

Suas anotações

Bolo de fubá cremoso

Esse é o típico "bolo da vovó": rápido, gostoso, molhadinho e, como o nome diz, cremoso. Não há quem o prove e ache algum defeito.
Infelizmente, a minha avó Aparecida nunca teve a oportunidade de fazer esse bolo para mim, mas, ao revirar suas anotações, encontrei a receita e, depois de testá-la, eu e minha família devoramos o bolo em um único dia. Essa receita básica, mas incrível, certamente conquistará muitos corações.

Ingredientes

2 xícaras (chá) de açúcar
210 g de fubá mimoso
30 g de manteiga derretida
1 colher (sobremesa) de fermento químico em pó
4 xícaras (chá) de leite
1 xícara (chá) de queijo parmesão ralado
4 ovos

Modo de preparo

1. Pré-aqueça o forno a 180°C.
2. Em uma vasilha, misture todos os ingredientes seguindo a ordem da lista e mexa com um *fouet* até que a massa se torne uniforme.
3. Unte um tabuleiro médio com manteiga e farinha de trigo e despeje a massa sobre ele.
4. Leve ao forno por 30 a 40 minutos.
5. Depois de frio, corte o bolo em quadradinhos e sirva.

Suas anotações

Bolo formigueiro

A maioria das receitas de bolo formigueiro que eu conheço não leva coco nem rum, mas como a minha avó Aparecida adorava colocar o seu toque pessoal, essa receita é diferente.
Do forno ao momento de saborear, esse bolo formigueiro é um sucesso! É molhadinho, bonito, dourado, tem o charme do granulado e aquele aroma de rum no fundo que é um mistério para os convidados.
Comer apenas uma fatia te deixará com "gostinho de quero mais"!

Ingredientes para a massa

1 xícara (chá) de leite
2 xícaras (chá) de farinha de trigo
1 xícara (chá) de açúcar
100 g de manteiga em temperatura ambiente
4 gemas
4 claras
1 colher (sopa) de fermento químico
150 g de chocolate granulado
100 g de coco ralado
½ cálice de rum ou conhaque
1 colher (sopa) de água

Ingredientes para a calda

1 xícara (chá) de açúcar
½ xícara (chá) de achocolatado em pó
2 colheres (sopa) de manteiga em temperatura ambiente
½ cálice de água
½ cálice de rum

Modo de preparo

1. Pré-aqueça o forno a 160°C. Unte com manteiga e farinha de trigo uma forma de bolo média.
2. Bata no liquidificador o leite, a farinha de trigo, o açúcar, a manteiga e as gemas.
3. Bata as claras em neve.
4. Adicione a mistura do liquidificador às claras em neve e mexa suavemente até que tudo esteja homogêneo.
5. Agregue o fermento, o chocolate granulado, o coco ralado, o rum e a água e mexa até que tudo esteja bem distribuído.
6. Verta a massa na forma e leve ao forno por aproximadamente 40 minutos ou até que um garfo espetado saia limpo.
7. Enquanto o bolo assa, prepare a calda com todos os ingredientes, menos o rum. Coloque tudo em uma panela e cozinhe em fogo baixo até o açúcar dissolver. Retire do fogo, transfira a calda para um pote e misture o rum. Reserve.
8. Retire o bolo do forno e, ainda morno, desenforme e despeje a calda sobre ele.
9. Espere esfriar e sirva, ou coma quentinho, se preferir.

Suas anotações

Bolo moreninho

Esse bolo nada mais é do que um bolo de especiarias e, por isso, quando você fizer essa receita, a sua casa inteira vai ficar com cheiro de canela, noz-moscada e vinho do Porto. É uma combinação divina e inesperada!

Ingredientes

5 ovos
½ kg de açúcar
1 xícara (chá) de leite
1 xícara (chá) de vinho do Porto
Suco de 1 limão (de qualquer tipo)
1 noz-moscada ralada
20 g de canela em pó
Casca ralada de 1 limão (de qualquer tipo)
400 g de manteiga derretida
½ kg de farinha de trigo
1 ½ colher (sobremesa) de fermento químico em pó
1 colher (chá) de açúcar de confeiteiro

Modo de preparo

1. Pré-aqueça o forno a 170°C. Unte uma forma de bolo grande com manteiga e farinha de trigo.
2. Bata na batedeira os ovos e o açúcar. Aos poucos, acrescente o leite, o vinho, o limão, a noz-moscada e a canela. Bata em velocidade média por aproximadamente 15 minutos.
3. Com uma espátula, agregue a manteiga derretida à mistura. Em seguida, misture as raspas da casca de limão, a farinha de trigo e suavemente o fermento em pó.
4. Leve a massa ao forno por cerca de 40 minutos.
5. Espere amornar, desenforme e decore com açúcar de confeiteiro polvilhado no topo.

Suas anotações

Brigadeiro de vinho do Porto

Poucas coisas são tão boas quanto brigadeiro, mas o brigadeiro de vinho do Porto da minha avó Aparecida é fabuloso!
Pode ser enrolado em granulado, usado como calda ou até dividido em miniporções para comer com colher. Esse doce é uma "carta na manga", ideal para os dias em que você receberá visitas e não tem muito tempo – ele é rápido, simples e prático de fazer.

Ingredientes

1 lata de leite condensado
1 colher (sopa) ou 25 g de manteiga sem sal
3 gemas
1 cálice de vinho do Porto
3 colheres (sopa) de achocolatado em pó

DICA

Para usar como calda, cozinhe os ingredientes por apenas 5 minutos. Para um brigadeiro mais firme, cozinhe por cerca de 10 minutos.

Modo de preparo

1. Adicione todos os ingredientes em uma panela e, em fogo brando, mexa até que a mistura se torne homogênea e solte do fundo.
2. Transfira a mistura para um prato e leve à geladeira por aproximadamente 30 minutos ou até que esfrie. Faça bolinhas e passe os brigadeiros em chocolate granulado.

Suas anotações

Brownie da vó Tança

Essa receita de *brownie* é um dos maiores sucessos gastronômicos na minha casa. Nos períodos em que faço doces por encomenda, tanto a versão inteira quanto os quadradinhos dele são os mais requisitados.
A atividade favorita da minha avó Tança, além de cozinhar, era mimar os netos. Quando eu e meus irmãos (Renata, Daniel e Dudu) éramos pequenos, sentíamos de longe o cheirinho de *brownie* assando e, quando ficava pronto, o tabuleiro inteiro acabava em menos de 2 horas!
Se eu tivesse que escolher três palavras para descrevê-lo, elas seriam: crocante, saboroso e molhadinho.

Ingredientes

1 xícara (chá) de farinha de trigo
4 ovos
2 xícaras (chá) de açúcar
150 g de manteiga sem sal
200 g colheres (sopa) de achocolatado em pó
1 colher (chá) de extrato de baunilha

DICA

Untar o tabuleiro com bastante manteiga ou usar papel antiaderente para cozinhar facilitará na hora de desenformar. Papel-manteiga gruda.
Bater o tabuleiro (com a massa ainda crua) na bancada 3 vezes expulsará o excesso de ar e evitará que a casquinha se separe da massa.

Modo de preparo

1. Pré-aqueça o forno a 180°C.
2. Peneire a farinha de trigo e reserve.
3. Bata os ovos com o açúcar em velocidade máxima por aproximadamente 3 minutos. Enquanto eles misturam, derreta a manteiga e misture-a com o achocolatado, formando uma pastinha granulada.
4. Diminua a velocidade da batedeira e, aos poucos, adicione a mistura de manteiga e o extrato de baunilha.
5. Quando a massa estiver homogênea, retire a tigela da batedeira e adicione a farinha peneirada. Nessa etapa, é importante agregar a farinha aos poucos e misturar com um *fouet* de forma suave para não desinflar a massa.
6. Transfira a massa para um tabuleiro untado com manteiga e farinha de trigo e leve ao forno por aproximadamente 20 minutos.
7. Desenforme de uma vez quando ele estiver ainda morno.

Suas anotações

Manjar branco imperial

O manjar, por ser um doce delicado, requer bastante atenção e cuidado, principalmente ao desenformar.
Apesar da cautela, é uma receita deliciosa, cremosa e leve, sendo que a calda é incrivelmente saborosa e combina perfeitamente com a delicadeza do manjar. Depois de desenformar, é legal fazer uma decoração com as uvas-passas envoltas na calda.

Ingredientes para o manjar

1 lata de leite condensado
790 ml de leite
1 xícara (chá) de leite de coco
4 colheres (sopa) de amido de milho em pó
10 g de gelatina sem sabor derretida e aquecida

Ingredientes para a calda de vinho

1 xícara (chá) de açúcar
½ xícara (chá) de água
½ xícara (chá) de uva-passa sem caroço
1 xícara (chá) de vinho *rosé* ou branco

DICA

O manjar é um doce muito delicado. Para quem tem a chama do fogão muito alta, sugiro que mexa com o *fouet* para garantir que não crie grumos.
Enquanto a calda ferve, não mexa para não cristalizar.

Modo de preparo

1. Com exceção da gelatina, misture todos os ingredientes do manjar em uma panela e leve ao fogo médio-baixo, mexendo sempre, até obter um creme grosso.
2. Retire do fogo, misture a gelatina sem sabor já derretida e aquecida, despeje em uma forma média de silicone molhada, deixe esfriar e leve à geladeira para gelar por pelo menos 3 horas ou até que fique firme.
3. Enquanto isso, prepare a calda. Leve ao fogo médio o açúcar, a água e as uvas-passas. Deixe ferver por cerca de 8 minutos, até obter uma calda grossa. Para verificar se a calda está no ponto, pingue um pouco dela em uma superfície fria e observe se a consistência está como a de um xarope. Adicione o vinho e deixe ferver por mais 10 a 15 minutos para que a mistura reduza e engrosse e para que o álcool evapore. Reserve.
4. Depois de bem frio, desenforme o manjar e despeje a calda sobre ele.

Suas anotações

Mineiro com botas

Minha mãe lembrou-se dessa sobremesa depois que eu já havia escolhido todas as receitas para compor este livro. Contudo, como ela me disse que essa era a sobremesa favorita do meu avô Paulo em dias de frio, decidi testá-la e, por ter ficado deliciosa, acrescentei-a ao livro.
O cheiro por si só já é reconfortante; o sabor é espetacular e acolhedor. Sem dúvidas, uma receita para a família toda.

Ingredientes

3 bananas
4 colheres (sopa) de goiabada cascão cremosa
100 g de queijo minas frescal (ou outro queijo branco de sua preferência)
3 claras
½ xícara (chá) de açúcar

Modo de preparo

1. Pré-aqueça o forno a 200°C.
2. Corte as bananas na horizontal e o queijo em finas fatias.
3. Em um refratário médio de vidro que possa ir ao forno, forre o fundo com as bananas, cubra com a goiabada cremosa e, em seguida, adicione o queijo.
4. Bata as claras com o açúcar, a fim de formar um merengue.
5. Coloque o merengue por cima do queijo e leve ao forno por aproximadamente 15 minutos ou até o queijo derreter e o merengue dourar.
6. Sirva ainda quente.

Suas anotações

Mousse de banana

Essa receita é mais um pavê do que uma *mousse*, mas, como a receita é da minha avó Aparecida, eu decidi manter o nome original.
É simples, bonita, leve e refrescante, além de agradar a todos.
Na época da minha avó, muitas receitas eram feitas com ovos crus, mas, atualmente, sabemos que o consumo de alimentos crus tem os seus malefícios.
Se você for como eu, que não gosta de consumir a clara crua, uma boa opção é juntá-las com o açúcar em um tigela e, em banho-maria, mexer até que o açúcar se dissolva. Depois, bata na batedeira até atingir a consistência de um merengue e, em seguida, agregue o creme de leite. Essa técnica muda a consistência final, mas o resultado ainda será delicioso.

Ingredientes

8 bananas nanicas
9 colheres (sopa) de açúcar
1 lata de leite condensado
3 ovos
1 colher (chá) de essência de baunilha
500ml de leite integral
1 lata de creme de leite

Modo de preparo

1. Corte as bananas em rodelas.
2. Em fogo baixo, caramelize 6 colheres de açúcar e adicione as bananas cortadas para que dourem. Retire do fogo, acomode-as em um refratário de vidro e reserve.
3. Em uma panela à parte, aqueça o leite condensado, as gemas, a baunilha e o leite e mexa até obter uma consistência cremosa ou até que solte do fundo da panela. Espalhe essa mistura sobre as bananas.
4. Bata as claras em neve e, aos poucos, adicione o restante de açúcar. Agregue-as ao creme de leite com delicadeza para que não desinflem e despeje-as no topo da receita.
5. Leve à geladeira por aproximadamente 2 horas e sirva gelado.

Suas anotações

Mousse de manga

O que combina mais com o verão do que frutas ou sobremesas geladas, não é mesmo? Essa *mousse* é refrescante, vibrante e leve. Além disso, se as mangas já estiverem doces, você não precisa nem adicionar açúcar.

Essa receita era muito popular e bastante tradicional na casa da minha avó Aparecida. Minha tia Cintia, ou Dindinha, como é carinhosamente chamada por mim e pela minha irmã, lembra-se, com "água na boca", de todas as vezes que foi para a casa da vovó e devorou uma *mousse* de manga.

Ingredientes

5 mangas Haden
8 folhas de gelatina incolor ou 20 g de gelatina sem sabor
7 claras em neve
8 colheres (sopa) de açúcar (200g)
Plástico-filme de PVC

Modo de preparo

1. Descasque 4 mangas e bata-as no liquidificador até que formem um purê grosso e uniforme.
2. Derreta a gelatina, junte-a às mangas e reserve a mistura em uma cumbuca à parte.
3. Bata as claras em neve e adicione o açúcar aos poucos. Quando prontas, agregue-as, com uma espátula, à mistura de manga e gelatina.
4. Despeje a *mousse* em uma forma molhada com água gelada ou forrada com plástico-filme e leve à geladeira por 24 horas.
5. Desenforme e decore com a manga restante.

Suas anotações

Pudim de coco queimado

Quem adora coco deve fazer e/ou experimentar esse pudim!
É uma receita autêntica, deliciosa e viciante! Além de ser de simples preparo, tem uma apresentação linda e, por isso, é uma ótima opção para datas festivas.

Ingredientes

5 colheres (sopa) de açúcar
1 colher (sopa) ou 25 g de manteiga em temperatura ambiente
1 coco fresco ralado ou 150 g de coco seco ralado
1 lata de leite condensado
2 latas ou 790 ml de leite
3 ovos

DICA

Antes de adicionar a manteiga, abaixe o fogo. Isso evita que a mistura espirre e te queime. Adicione água para o banho-maria apenas até a altura da metade da forma.

Modo de preparo

1. Em uma frigideira quente, caramelize 2 colheres (sopa) de açúcar (caramelo claro), junte a manteiga e, em seguida, o coco ralado. Mexa em fogo baixo até ficar dourado e se tornar uma farofa. Reserve.
2. Bata no liquidificador o leite condensado, o leite, os ovos e metade da mistura de coco reservada.
3. Caramelize o restante de açúcar e adicione à forma de pudim. Em seguida, despeje a mistura anterior. Cozinhe em banho-maria, em panela de pressão, por aproximadamente 20 minutos (comece a contar o tempo depois de pegar pressão).
4. Desenforme depois de frio e decore com o restante da farofa de coco queimado.

Suas anotações

Roque de banana

O roque de banana nada mais é que um delicioso bolo de banana com um *crumble* no topo, ou, simplesmente, uma cuca de banana. Não é uma receita tradicional e provavelmente você nunca viu uma igual, mas é uma sobremesa deliciosa e bem típica "de vó" e, por isso, vale a pena dar uma chance a ela.
A banana é uma fruta que me traz alegria, especialmente porque eu, quando era criança, sempre a comia com arroz e feijão, e devorava tudo em minutos. Talvez, por essa lembrança, eu acho que não existe receita ruim com banana.

Ingredientes para o bolo

150 g de manteiga em temperatura ambiente
1 colher (chá) de extrato de baunilha
3 xícaras (chá) de açúcar
4 gemas
4 xícaras (chá) de farinha de trigo
1 xícara (chá) de leite
1 colher (chá) de fermento químico em pó
4 claras em neve
5 bananas

Ingredientes para o *crumble*

4 colheres (sopa) de açúcar
3 colheres (sopa) de manteiga em temperatura ambiente
5 colheres (sopa) de farinha de trigo
1 colher (sopa) de canela em pó

Modo de preparo

1. Pré-aqueça o forno a 160°C.
2. Prepare o *crumble* misturando com a mão todos os ingredientes listados, ou seja, o açúcar, a farinha, a manteiga e a canela. Reserve.
3. Na batedeira, adicione a manteiga, a baunilha e o açúcar e bata em velocidade alta, até que a mistura se torne clara e fofa. Coloque a batedeira em velocidade média e acrescente, aos poucos, as gemas.
4. Mantenha a batedeira funcionando e peneire a farinha de trigo em um recipiente à parte. Diminua mais a velocidade da batedeira e, pouco a pouco, adicione a farinha de trigo e o leite. Bata até que a massa se torne homogênea. Por fim, acrescente o fermento e bata em velocidade baixa, somente para incorporá-lo à massa.
5. Desligue a batedeira e, com o auxílio de uma espátula, adicione as claras em neve, mexendo suavemente.
6. Unte um tabuleiro ou prato de forno médio, despeje metade da massa, cubra com tiras finas de 2 bananas, cubra com o restante da massa e, no topo, adicione o restante da banana. Polvilhe o *crumble* reservado e leve ao forno por 20 a 30 minutos ou até que a massa esteja assada.

Suas anotações

Torta preguiçosa

Essa torta é a sobremesa "de vó" mais acolhedora que existe. A combinação da canela com manteiga e maçã é simplesmente espetacular! Na realidade, não sei se podemos chamá-la de torta, uma vez que não tem massa, mas o nome é irrelevante diante do aroma incrível que essa receita espalha pela casa. Dá vontade de comer tudo de uma só vez. É o tipo de sobremesa que precisa ser preparada e provada para que se faça jus ao sabor, porque nada que eu disser conseguirá expressar o conforto que essa simples e clássica receita proporciona.

Ingredientes

4 maçãs
100 g de manteiga
1 colher (sopa) de suco de limão (de qualquer tipo)
1 xícara (chá) de açúcar
Canela em pó a gosto
½ xícara (chá) de farinha de trigo
3 ovos
½ xícara (chá) de leite

DICA

Para essa receita ficar ainda mais deliciosa, experimente adicionar uma bola de um bom sorvete de baunilha no topo da torta ainda quente.

Modo de preparo

1. Pré-aqueça o forno a 200°C. Unte com manteiga um tabuleiro pequeno.
2. Corte as maçãs em meia-lua e, depois, em finas fatias. Reserve-as imersas no suco de limão.
3. Corte a manteiga em pequenos cubos e separe-a em 3 partes iguais.
4. Acomode todas as fatias de maçãs no tabuleiro de modo que o fundo esteja completamente coberto pela fruta.
5. Misture 2 colheres (sopa) de açúcar com a canela a gosto e polvilhe por cima.
6. Espalhe a primeira parte de manteiga em cubos no topo.
7. Peneire por cima o restante de açúcar com a farinha de trigo e, mais uma vez, cubra com a manteiga.
8. Por fim, bata levemente os ovos com o leite, despeje uniformemente sobre a torta e finalize com a terceira parte de manteiga.
9. Leve ao forno por aproximadamente 20 minutos ou até que a torta esteja bem dourada.
10. Espere amornar e corte em cubos para servir ou desenforme e sirva a torta inteira.

Suas anotações

Agradecimentos especiais

Gostaria de agradecer imensamente aos amigos e colaboradores que acreditaram no meu sonho e neste projeto e me ajudaram a torná-lo realidade.

- Ana Daflon
- André Abadesso
- Carla Araújo
- Carla Diamante Vinhaes
- Carlos Larica Neto
- Debora Lima
- Dilson Chagas
- Eduardo Chagas
- Flavia Monteiro
- Flavio Fizman
- Frederico Canellas
- Giovanna Canellas
- Jane Celeste Silva
- Jessica Antunes
- Julia Frazão
- Katerine Romanelli
- Leonardo Chagas
- Luis Guilherme Leonardo
- Luiz Diniz
- Marcus Quaresma
- Maria La Croix
- Paula Chagas
- Renata Chagas
- Rodrigo Chagas
- Rodrigo Damasceno
- Rosangela Canellas
- Sonia Dutra
- Tatiana Chagas
- Victor Vieira
- Wilson Chagas